KATHEDRALE

JOHANNES THIELE

Die Kunst, den Himmel zu berühren

PATTLOCH

Bibliografische Information: Deutsche Nationalbibliothek

Die Deutsche Nationalbibliothek verzeichnet diese Publikation in der Deutschen Nationalbibliografie; detaillierte bibliografische Daten sind im Internet über http://dnb.d-nb.de abrufbar.

© 2010 Pattloch Verlag GmbH & Co. KG, München

Umschlag, Satz und Gestaltung: knaus. büro für konzeptionelle und visuelle identitäten, Würzburg; www.e-knaus.de

Umschlagabbildung: GAP artwork/Fotolia

Druck und Bindung: Firmengruppe APPL, aprinta druck, Wemding

Printed in Germany

ISBN 978-3-629-02247-9

Bitte besuchen Sie uns im Internet: www.pattloch.de

5 4 3 2 1

Erlebnisraum Kathedrale	16
Geist der Gotik	24
Das Spiel des Lichts	38
Der Bau der Kathedrale	48
Weltbild und Wirkung	72
Die Pforten des Paradieses	90
Das goldene Tor	100
Groteske Gestalten	112
Mystik und Magie	114
Spektakulum des Lichts	132
Kosmos der Bilder	146
Der Name der Rose	160
Die Berührung des Himmels	168
Der Ring der Zeit	184
Das Symbol des Kreuzes	204
Das Herz der Kathedrale	218
Madonna molto vivace	236
Kulisse des Glaubens	250
Auswahlbibliographie	264
Bildnachweis	265

ERLEBNISRAUM KATHEDRALE

ERLEBNISRAUM KATHEDRALE

Man sagt nichts Wesentliches über die Kathedrale aus, wenn man nur von den Steinen spricht.
ANTOINE DE SAINT-EXUPÉRY

Wer eine mittelalterliche Kathedrale betritt, vielleicht am frühen Morgen, ohne viel Wissen und Denken, aber empfänglichen Herzens, wird eine verblüffende Erfahrung machen. Obwohl der Besucher so einsam in dieser großen Halle steht, wird er das Gefühl haben, nicht allein zu sein: Gleichsam sprechende Mauern umfangen ihn, der Dom betrachtet ihn wie ein Lebewesen, die Formen klingen und sprechen. Er fühlt sich mit tausend Augen angesehen und unablässig angeredet, er könnte das niemals in Worte übersetzen, es ist eine *Wirkung.* In einer wunderbar schweigsamen Erregung steht der Betrachter in diesem hohen leeren Raum, und etwas zieht ihn empor, weitet sein Herz.

Wir könnten nun sagen, dass eben Zwang und Macht, so durch gebaute Form zu sprechen, von einem großen und vielleicht verlorenen Seelenzustand zeugt. Oder dass sich diese Macht des Bauens der Intention mittelalterlicher Baumeister verdankt, die *wirken,* aber auch ihrem Glauben, dem Glauben überhaupt dienen wollten. Alles das ist wahr. Doch in ihrem Innersten ist die gotische Kathedrale steingewordene Mystik, himmelstürmende Sehnsucht und kirchenfensterfarbiges Gebet. So wie jeder Sakralbau gebauter Sinn ist, jede Kirche gebauter Glaube, Ausdruck auch der Spiritualität seiner Erbauer.

Doch wird der Sinn, der beispielsweise hinter einer strahlenden Fensterrose liegt, heute immer weniger verstanden. Viele Besucher von Kathedralen stehen voller Staunen, Schweigen, aber auch Nichtverständnis vor der Überfülle an Symbolen, Allegorien und Motiven, die sie nicht mehr zu deuten wissen. Sie spüren, dass dieses Gebäude mehr ist als ein Museum, als eine Ansammlung wertvoller Gegenstände, unschätzbarer Kunstwerke und beeindruckender Zahlen. Welch besondere Anziehungskraft, wenn sie durch

Seitenschiff im St. Veits-Dom, Prag, Tschechien

Auch moderne Bauwerke – wie hier die Petronas Towers, das Wahrzeichen von Kuala Lumpur, der Hauptstadt Malaysias – bedienen sich der imponierenden Kathedralen-Ästhetik. Die Petronas Towers sind mit insgesamt 452 Metern die höchsten Zwillingstürme und das siebthöchste freistehende Gebäude der Welt.

ERLEBNISRAUM KATHEDRALE

den großen Raum gehen, welch imposante Wirkung der Gewölbe und der Lichtführung. Sie lassen sich innerlich berühren. Sie merken wohl, dass die Kathedrale zu ihnen sprechen will – ihre Sprache allerdings verstehen sie nicht oder nur wenig, zumal wenn sie oft nur rudimentäre Kenntnisse vom christlichen Glauben haben.

Ohne tiefere Kenntnis der sich oft nur schwer erschließenden Symbolik bleibt das eigentliche Geheimnis der Kathedrale in der Tat meist unerkannt und unverstanden. Auch wenn uns ein kundiger Führer bei der Besichtigung begleitet und faszinierende Erläuterungen der »Sehenswürdigkeiten« bietet, auch wenn wir einen kleinen Prospekt zu Rate ziehen, der am Eingang ausliegt, wird uns doch verschlossen bleiben, welch »großer Sinn« hinter allem verborgen liegt, wie eine Schatztruhe, zu der wir keinen Schlüssel ha-

ben. Die Kathedrale jedoch ist eine einzigartige Einladung, den Glauben bis in seine filigransten Bestandteile kennenzulernen. Denn trotz dieser Fülle, all der Einzelheiten und Details: Baustil, Kunst, Symbolik, Ritus und Liturgie bilden eine untrennbare Ein-

Die beiden Türme des Kölner Doms, Deutschland

heit. Die Kathedrale ist und bleibt das zentrale Gesamtkunstwerk des christlichen Glaubens, ihr Stein und Licht gewordener Gipfel, die Manifestation eines Traums. Sie lässt uns staunen, löst aber zugleich viele Fragen aus: Was will die Fensterrosette *sagen?* Was *bedeuten* die oft rätselhaften Figuren an Portalen und auf Kapitellen? An welchen Gesetzen haben sich die Baumeister *orientiert?* Welche biblischen, symbolischen und religiösen Vorstellungen sind hier *wirksam* gewesen?

Dome, Münster und Kathedralen sind oft die markantesten Bauwerke in unseren Städten – für viele Zeitgenossen zwar noch Schau-, aber nicht mehr Glaubens- und Lebensraum. Dies mag man beklagen, man kann jedoch darin auch eine Chance sehen.

Gerade die »große Kirche« offenbart in Architektur, Anlage und Gestaltung den Glauben als einen sinnlich erfahrbaren Kosmos, dessen »geheime Sprache« dieses Buch entschlüsselt und wieder verstehbar machen soll.

Orgel und Seitenschiff der Kathedrale von Sevilla, Spanien. Santa Maria de la Sede ist berühmt, beeindruckend und ein Muss für jeden Besucher der Stadt: Mitten in der Stadt gelegen, ist sie mit fünf Kirchenschiffen die größte gotische Kathedrale der Welt.

ERLEBNISRAUM KATHEDRALE

So lernen wir die Kathedrale als universalen Symbolraum kennen. Wobei es nicht nur darum geht, sie in ihrer architektonischen Bedeutung und kunsthistorischen Entwicklung vorzustellen oder in erster Linie den gotischen Kathedralenbau in den Mittelpunkt zu rücken, so spannend seine Geschichte auch ist. Vielmehr wird an sinnfälligen Beispielen die eine – gleichsam ideale, universale – Kathedrale vorgestellt, die in das Christentum, in das Geheimnis des Glaubens selbst einführt. Es geht um nicht weniger als die Frage, wie und in welcher Weise eine Kathedrale in der heutigen Welt *wirken* kann. Wie ein Ereignis, ein *Event*.

Denn so seltsam es klingt: Gerade der Dom, Monument einer großen Zeit des Glaubens, bietet auch uns einen unkonventionellen Zugang zur Welt des Christentums. In der Form eines virtuellen Kunstführers durch eine gotische Kathedrale lassen sich die zentralen christlichen Inhalte, Symbole und Aussagen veranschaulichen. Wer die geheime Sprache der Kathedrale zu entschlüsseln vermag, wird auch verstehen, was den Glauben bewegt – eben weil er *zum Ausdruck gebracht* wird. In Architektur, Kunst und Kult, vom Fenster bis zum Chorgestühl, von der Paradiespforte bis zum Hochaltar, von der Krypta bis zur Turmspitze – die Kathedrale öffnet uns ein theologisches Bilderbuch, in dem wir auch heute noch alles Wesentliche über die christliche Religion erfahren können.

Also, treten wir ein, schauen, staunen und verstehen wir …

München, im August 2010   JOHANNES THIELE

GEIST DER GOTIK

GEIST DER GOTIK

Materie wird Geist – so ließe sich das Wesen einer Kathedrale zusammenfassen. Wir bewundern die das Stadtbild beherrschende Silhouette einer Kathedrale, die wie ein riesiges Schiff oben auf einem Hügel oder mitten in den Straßen gestrandet ist. Wir stehen mit tiefer Bewunderung vor der starken und mächtigen Fassade etwa von Notre-Dame in Paris oder dem steinernen Schmuck der Kathedrale von Reims, der sich wie filigrane Spitze über sie hinbreitet. Wir fühlen uns hingerissen von der vollendeten Logik, die sich in den weiten, lichtdurchfluteten Räumen der Mittel- und Seitenschiffe ausdrückt, von der unerhörten Eleganz hochstrebender und sich zu ausdrucksvollen Gewölben öffnender Pfeiler.

Niemals zuvor ist es dem Menschen gelungen, Materie bis zu einem solchen Grad zu vergeistigen, nie hat er die Seele eines Bauwerks durch die kunstvolle Zusammenfügung der Steine, aus denen es erwächst, so spürbar machen können. Das alles charakterisiert den Stil, den man gotisch nennt.

Das Wort Gotik war ursprünglich eine Beleidigung. *Stilo gotico,* Gotenkunst – das galt im Italien der Renaissance als gleichbedeutend mit Barbarei und Vandalismus und wurde ungefähr so verächtlich ausgesprochen, wie man heute von »mittelalterlichen Zuständen« spricht, wenn es irgendwo an Humanität oder Hygiene mangelt. Giorgio Vasari, Bildhauer, Maler, Architekt der Uffizien in Florenz und in Sachen Kunst *die* Autorität seiner Zeit, brandmarkte um die Mitte des sechzehnten Jahrhunderts den gotischen Baustil als ästhetischen Unfall, als etwas »Monströses … dem jegliche Harmonie abgeht und das man am ehesten als Durcheinander und als Unordnung bezeichnen kann«. Er griff damit weit in die Vergangenheit zurück, denn er lastete diese geistige Verirrung im Baustil den Goten an, die im Jahr 410 Rom geplündert hatten. Mit diesem Irrtum stand er nicht allein; vielen Gelehrtengenerationen

Oft dominieren Kathedralen das Stadtbild wie hier in Clermont-Ferrand, Frankreich

schien es so, als habe seit dem Untergang der Antike bis zu ihrer Wiedergeburt in der Renaissance eine einzige Finsternis geherrscht, deren bleibende Relikte die gotischen Chimären, die »Scheußlichkeit der spitzbogigen Wölbungen« waren.

Aufbrüche und Umbrüche kennzeichnen die Epoche des Kathedralbaus. Wohl kaum eine Zeit war immer wieder so vielen Missverständnissen ausgesetzt wie die zwischen dem elften und fünfzehnten Jahrhundert. Sie wurde als »finsteres Mittelalter« verschrien, als eine Ära ungebrochener Gläubigkeit verklärt – beides zu Unrecht, denn man wird dieser Zeit nur gerecht, wenn man sie in ihrem ganzen inneren Widerspruch begreift.

Der Dom mit seiner imposanten Kuppel von Filippo Brunelleschi prägt das Stadtbild von Florenz, Italien. Mit einer Länge von 153 Metern und einer Breite von 38 Metern ist Santa Maria del Fiore nach der Peterskirche in Rom, der Londoner Saint Paul's Cathedral und dem Mailänder Dom die viertgrößte Kirche Europas

Diese Epoche begann, als sich Westeuropa nach einer jahrhundertelangen Abschließung wieder fremden Einflüssen öffnete. Die Kreuzzüge und der wachsende Überseehandel vermehrten die Kontakte mit den überlegenen Kulturen des Islams und des byzantinischen Reiches, den beiden Erben der Antike. Die neue Weltoffenheit riss den Westen aus seiner Selbstgenügsamkeit heraus, aber die neuen Einflüsse wurden nicht einfach übernommen, sondern zu etwas Eigenem umgeformt.

Nichts wurde in diesen Jahrhunderten vollendet. Alles war im Werden, und das politische, religiöse und geistige Leben wurde von den größten Revolutionen seit der Völkerwanderung erschüttert. Der asketische Eremit ist ebenso Repräsentant dieser Zeit wie der frivole Troubadour an einem der südfranzösischen Liebeshöfe, der mit allen Feinheiten der Folter vertraute Henker ebenso wie der Gelehrte in einer der neuen Universitäten Europas. Abergläubische Volksmengen belustigten sich an Ketzerverbrennungen und Judenpogromen, während unter den Intellektuellen – beeinflusst von antiker, arabischer und jüdischer Gelehrsamkeit – der Widerstand des modernen Geistes gegen die zufriedene Unmündigkeit und die hierarchische Weltordnung des frühen Mittelalters einsetzte. Aus Magie und Aberglauben schälte sich Wissenschaft heraus, beides noch eng miteinander verquickt. Ritter übten in Turnieren und blutigen Fehden sinnlose Tugenden, sie zogen in den Orient, um dort ihr Seelenheil oder auch die Reichtümer des Morgenlandes zu finden, während ihre Leibeigenen in Elend und Unwissenheit lebten, gejagt von wirklichen und eingebildeten Nöten, von Armut und Seuchen, von Dämonen und Spitzeln der Inquisition.

Und gleichzeitig begannen die Menschen zunehmend kosmopolitisch zu denken, entstand in den großen Handelszentren Mitteleuropas und in den italienischen Seestädten eine neue Weltläufigkeit; der Kapitalismus wurde geboren, während in den wachsenden Städten, deren Luft angeblich frei machte, nicht nur biedere Bürger wohnten, sondern kommunitäre Bewegungen gegen die geistlichen und weltlichen Autoritäten aufbegehrten, die wiederum unter sich einen Kampf um die Herrschaft über Europa austrugen. In dieser Zeit stritten die Auffassungen über Sinn und Ursprung des Daseins miteinander, und die Frage, ob die Welt ein gottgewolltes Mysterium, ein Werk des Satans oder einfach eine Aufgabe für den Menschen sei, berührte nicht nur Philosophen und Theologen, sondern das Leben jedes Einzelnen.

Am Ende des gotischen Zeitalters hatte der europäische Mensch sich von Grund auf gewandelt. Die Renaissance war nicht die Überwindung, sondern die Vollendung dessen, was im Zeitalter der Gotik begonnen hatte. Das Ende dieser Epoche war der Anfang des modernen Europa.

GEIST DER GOTIK

Die Kunst stand im Mittelpunkt – als jener Bereich, in dem das in sich zerrissene Mittelalter ein eigenes Zentrum gefunden hat. Während Päpste, Kaiser und Landesfürsten miteinander um die Macht rangen, während Mystik und Scholastik sich bekämpften und verflochten, während neue Stände gegen die Hierarchie aufbegehrten, ruhte die gotische Kathedrale in sich selbst, eindeutig abgrenzbar gegen die Kunst jeder früheren und späteren Zeit, vielleicht der einzige vollkommene, harmonische Ausdruck der so unharmonischen mittelalterlichen Geisteswelt.

Doch dieser Eindruck trügt. Bei näherem Hinsehen erweist sich auch die gotische Kunst als eine Übergangserscheinung. Einerseits war sie – beispielsweise in der religiösen Absicht – noch ganz dem Mittelalter verhaftet. Andererseits aber stellte sie auf ihre Art bereits eine »Renaissance« dar, die Wiedergeburt der Ästhetik nämlich als ein Eigenwert des Kunstwerks, unabhängig von ihrem Inhalt.

In der frühchristlichen und noch in romanischer Zeit hatte die Kunst noch keine Ambitionen, schön zu sein, sondern sollte das Jenseitige sichtbar machen. Sie war symbolhaft, und dass dabei etwas Schönes und Sinnfälliges zustande kam, war nicht das Wesentliche daran. Vieles von dieser Kunstauffassung hat sich in der Gotik erhalten.

Doch sie wagte sich auch auf neues Terrain: Zahlreiche Formen aus der byzantinischen und orientalischen Ornamentkunst griff sie auf, und auch der Spitzbogen, das bekannte Kennzeichen der gotischen Architektur, war in Ägypten und Persien schon seit Jahrhunderten ein bekanntes Ornament. Alle diese Einflüsse wurden zuerst in Frankreich zu einer Synthese verschmolzen. Was kein Zufall ist, denn hier hatte sich das Königtum gegen den Landadel

Eine besonders spitze und enge Form der Säulen und des Gewölbes in der Kathedrale von Reims, Frankreich

durchgesetzt und strebte nun nach sichtbaren Manifestationen seiner Macht. Hier, in Paris und Chartres, spielten sich die entscheidenden geistigen Auseinandersetzungen der Zeit ab. Hier befanden sich kirchliche Autoritäten, Atheisten, Kreuzfahrer und Ketzer in einem vibrierenden Spannungsfeld. Und hier suchte man für die vielfältigen mentalen und gesellschaftlichen Aufbrüche nach einem künstlerischen Ausdruck.

Der Spitzbogen ist das auffälligste, keineswegs jedoch das wesentliche Element gotischer Architektur. Wie noch genauer zu zeigen sein wird, besteht ihr Vorteil gegenüber früheren Baustilen darin, dass die Rippengewölbe und Spitzformen die statischen Probleme des Kirchenbaus auf eine neue Art lösten. Steingewölbe bedingten schwerfällige Bauten mit mächtigen Mauern und schmalen Fenstern – sie wurden in die »Keller der Kathedrale« abgedrängt, in die düstere Krypta mit ihren gedrungenen Formen und ihrer weihevoll-stillen Abgeschiedenheit. Die Holzkonstruktionen dagegen, die eine leichtere Bauweise erlaubten, waren wegen der häufigen Feuersbrünste zu kurzlebig.

Die Erfindung des Kreuzrippengewölbes sicherte nun die Stabilität bei einem viel geringeren Aufwand an Stein und erlaubte höhere Kirchenschiffe. Auch der Kunstgriff, den Strebebogen über das Dach des Seitenschiffs hinweg in den offenen Raum nach außen zu führen, wurde zum Stilelement, denn die gotischen Baumeister machten die Funktion ihrer Konstruktionen gerne sichtbar. Der Spitzbogen wiederum gestattete es, Bögen von ungleicher Breite auf dieselbe Höhe zu bringen.

Ideales Raumgefühl von Höhe und Weite:
die Kathedrale Santa Maria del Mar von
Barcelona, Spanien

Doch das so charakteristische Gewölbe führt uns ebenso wenig zu dem Grundprinzip der Gotik wie die beiden anderen, scheinbar äußerlichen und sinnfälligen Erkennungszeichen dieses Stils, der Strebepfeiler und der Spitzbogen. Diese Kunstmittel waren eben sehr viel mehr als ein bestimmter Stil, sie waren Instrumente der Entmaterialisierung, mit denen die Schwere der alten dominanten Mauern aufgelöst werden sollte. Gotik – das war rein äußerlich gesehen ein System, ein Gerüst von steigenden, tragenden, stürzenden schmalen Körpern, zwischen denen die füllenden Flächen mehr und mehr verschwanden und ihre Bedeutung einbüßten. Vor allem war es ein neuer Geist, eine buchstäblich zum Greifen nahe Sehnsucht, den Raum zu gestalten und eine neue Raumvorstellung zu verwirklichen, die sich die äußeren Mittel zur Überwindung der Widerstände suchte. Und weil es sich nicht um eine einmalige Erfindung und nicht um ein erstmaliges Sichtbarwerden der neuen Stilform handelte, sondern um eine fließende Entwicklung, erscheint es uns auch kaum möglich, ein Entstehungsjahr der Gotik oder eine sichere Periodeneinteilung von Früh-, Hoch- und Spätgotik zu geben.

Im Willen zur Auflösung und Aufteilung der Wandflächen kann man eine erste Manifestation des Gotischen sehen. Schon Ende des elften Jahrhunderts kündigte sich diese neue Bauphilosophie an und offenbarte in den großen normannischen Kirchen alle die Raumgedanken, die dann im folgenden Jahrhundert zur Perfektion entwickelt wurden. Blieb am Anfang noch die Breite und Schwere der Mauermassen bestimmend und wurde von den romanischen Kirchen das Motiv der Emporen und damit der Begriff der Mehrstöckigkeit der Kirchenräume übernommen, so wurden die den Raum umschließenden Wände immer leichter, immer aufgelockerter. Von der zweiten Hälfte des zwölften Jahrhunderts an bestimmte der Kranz der nach allen Seiten ausstrahlenden Strebebögen den ersten Eindruck der neuen gotischen Kathedralen, vor allem in Frankreich.

Ein neues Raumgefühl war also die allererste Intention der gotischen Baumeister – ein noch nicht da gewesenes Erleben des Raumes und der Wille, ihn flüssiger und luftiger zu gestalten, seine Abschlusswände nach einem sich langsam zum Kanon entwickelnden Gesetz der Proportionen zu harmonisieren. Dieser Kunstsprache der freien Höhe entsprach das *Sursum corda,* der Ruf »Die Herzen empor« aus dem *Canon missae.* Mit ihr war eine Form gefunden worden, sich emotional von der Welt lösen und in einem wunderbaren Raumpathos den Aufstieg in eine scheinbare Unendlichkeit symbolisch darstellen zu können. Man muss diesen eigenartigen, »dem Calcul dieser Meister beigemischten reichlichen

Tropfen Mystik« (Georg Dehio) herauszufühlen vermögen, um die in solcher Kreativität wirksamen Kräfte zu verstehen. Jetzt stieg die äußere Erscheinung, dem Gesetz der Auflösung und der Verteilung der Kräfte folgend, in ihrem neuen Reichtum empor. Und was war da alles zu sehen, zu erkennen und zu erleben: Wie der Chor vom Kapellenkranz umrahmt wurde, wie darüber die freie Strahlenkrone der elastischen Strebebögen Querschiff und Langhaus durch die den Druck und Schub der Hochschiffgewölbe nach außen tragenden Strebesysteme gliederte. Wie die Wände des Hochschiffs mit dem überbordenden Schmuck von Giebelchen, Fialen, Lauben, Wasserspeiern, Wimpergen und Galerien abgeschlossen wurden. Wie sich die einst starren Flächen der Hauptfront und der Kreuzarme auflösten, überschnitten und übersponnen wurden von Galerien und gruppierten Fenstern, die den Rhythmus der mächtigen Portale fortsetzten.

Im zwölften Jahrhundert noch suchte man mit ungestümem Elan das Neue, die einmalige Erfindung, die kühne Phantastik grandioser künstlerischer Würfe. Bevor im dreizehnten Jahrhundert schon eine Beruhigung eintrat: Die klassische Form fand ihren Kanon, das Gleichgewicht in den Proportionen des Innenbaus wurde fortgesetzt, nachdem erst einmal die konstruktiven Probleme, die das gotische System dargestellt hatte, überwunden waren. Und verblieb den Baumeistern auch noch genug Spielraum für Genialität, so beherrschte doch der stabilisierte Dreiklang von Arkade, Triforium und Hochgadenfenster die Wirkung der Innenräume. Noch zwei Generationen weiter – und das Streben nach Planmäßigkeit und Durchsichtigkeit des Systems hatte schon etwas vornehm Kühles gewonnen, zeigte bereits eine rationalistisch anmutende Klarheit, die man vor allem in Frankreich als *clarté* sehr schätzte. Der deutsche Architekt Gottfried Semper (1803–1879) hat dann diesen unerbittlich logischen Formalismus »steinerne Scholastik« genannt.

Dies war gewissermaßen das äußerliche Gerüst, der Rahmen, in welchem der gotische Geist seinen Ausdruck suchte und fand.

*Kanzel in der Kathedrale Notre-Dame de Paris,
Frankreich*

GEIST DER GOTIK

Nach dem Vorbild der Natur wagte die Gotik ein völlig neues Gesetz: An die Stelle des Strebens nach klassischer Läuterung, der volkstümlichen Naivität, wie wir sie noch in jeder romanischen Madonna finden, trat nun ein kollektiver spiritueller Wunsch, der die Kunst lebhaft durchdrang, sie reicher gliederte – ein schwärmerisches, ekstatisches Element, in dem sich die großen geistigen Bewegungen der Zeit offenbarten.

Es geschieht nicht ohne Grund, dass wir noch heute in einer gotischen Kathedrale Zuversicht, Vertrauen, Frieden fühlen. Wodurch kommt das? Durch die Harmonie eines gleichsam lebenden Körpers, die durch das Gleichgewicht bewegter Massen entsteht. Die mittelalterliche Kathedrale wirkt wie nach dem Ebenbild lebender Körper erbaut: die Fenster (Augen), der Chorraum (Kopf), der Altar (Herz), die Seitenschiffe (Arme). Ihre Proportionen, ihre Beziehungen entsprechen genau der Ordnung in der Natur; sie sind trotz aller Grandiosität, die permanent zum Staunen verführt, zutiefst menschlich.

Die Baumeister, welche diese Wunder der Baukunst errichtet haben, beherrschten die gesamte Wissenschaft und verstanden sie zu nutzen. Diese Welt aus Strebepfeilern und Steinschichten, Säulen und Kapitellen, aus Türmen und Türmchen, ist – so hat es Auguste Rodin (1840–1917) empfunden – »eine ganze Vegetation«. Und nicht ohne Grund ist die Kathedrale voller Ornamente, die der Natur abgeschaut wurden, voller floraler Motive, voller Blätter und Kränze und Laubkronen und Ranken.

Immer wieder neue Bilder wurden gefunden, um das augenfällige Wesen der gotischen Kathedrale zu beschreiben: Mit ihrem geräumigen Langhaus, das durch die angrenzenden Seitenschiffe in die Breite gedehnt wird, mit dem Höhendrang von Strebepfeilern und -bögen gleicht sie einem Wald. Oder auch einem mächtigen Schiff, das im Aufbruch zu einer langen Reise steht.

In diesem Schiff versammelte sich die Gemeinde, erklangen die Fanfaren, wurden Reliquien in Schreinen herumgetragen, brauste

Den Eindruck eines hohen und lichtdurchfluteten Waldes wollten die gotischen Architekten auch in ihren Kathedralbauten hervorrufen.

Schlanke Säulen lenken den Blick wie in einem Wald in die Höhe.

die Orgel. *Te Deum.* War der antike Tempel allein nur für die Gottheit bestimmt, so war und ist die Kathedrale für *alle* da. Weit und hoch, wie sie sich, ganz von Licht durchflutet, darbietet, vermag sie all jenen Schutz zu gewähren, die unter ihrem Dach Zuflucht und Trost suchen. Sie bot dem wunderbaren Geschehen im Kult Raum, sie war der Platz, an dem sich die ganze Pracht der Prozessionen entfalten konnte, der Ort, an dem sich das religiöse Drama abspielte. In ihr versammelten sich die Zünfte, Gilden und Bruderschaften; hier wurden die volkstümlichen Feste gefeiert und die Spiele mit enormen Schau- und Erlebniswerten aufgeführt. Gregorianische und polyphone Gesänge erfüllten ihr Inneres, schwangen sich in die höchsten Gewölbe hinauf wie leuchtende Spiralen: Sie »bringen das Schweigen zum Klingen, so wie die gotische Kunst dem Schatten selbst Gestalt verleiht« (Auguste Rodin).

So gibt die Kathedrale Zeugnis von der Vergangenheit, sie weiß um ihre Leiden und ihre Freuden. Sie ist die Seele der Stadt, auf der ihr Schatten wie ein stiller Segen ruht. Die Jahrhunderte ziehen an ihr vorüber, Menschen und ihre Leidenschaften sieht sie vergehen, sie aber bleibt …

DAS SPIEL DES LICHTS

Am Fenster eines der Kathedrale von Rouen gegenüberliegenden Hauses steht ein Maler und versucht, die sich ihm bietende Aussicht auf die Leinwand zu bannen. Immer wieder sucht der berühmte französische Impressionist Claude Monet nach dem richtigen Blickwinkel, nach einer etwas anderen Perspektive; immer wieder fängt er bestimmte Lichtsituationen und Witterungsbedingungen ein. Manchmal variiert er den Standpunkt, aber nur wenig.

Der imposante Kirchenbau von Rouen ist Krönungsort und Grabstätte der normannischen Könige und gilt als eine der schönsten und bekanntesten gotischen Kathedralen Frankreichs. Doch als Impressionist geht es Claude Monet nicht darum, ein berühmtes Bau- und Kunstwerk abzubilden, sondern ausschließlich um das Spiel des Lichts, um die Wechselbeziehung von Licht und Zeit. Für ihn war das Licht nicht nur eine Kraft, die Farbe der Dinge zu

verändern – es änderte auch ihre Form. Mit unerschöpflicher Geduld registrierte Monet die Veränderungen in der Lichtwirkung zu verschiedenen Tageszeiten; er stellte mehrere Staffeleien auf und ging anfangs systematisch vor: Gewöhnlich arbeitete er an mehreren Bildern gleichzeitig, alle paar Stunden widmete er sich einer anderen Leinwand und gab jedem Bild so einen ganz besonderen Charakter. Bei Sonnenschein favorisierte er Weiß und Kobaltblau, bei trübem Wetter eine weiche Graupalette, und trat im grellen Sonnenlicht der rauhe Stein der Fassade hervor, verstärkte er diesen Eindruck durch eine dicke, krustige Farbe.

So malte Claude Monet dieses Motiv der Fassade von Rouen nicht nur einmal oder zweimal, sondern gleich 33 Bilder entstanden über einen längeren Zeitraum hinweg – eine der berühmtesten Bilderserien der Kunstgeschichte, die immer neue Impressionen aufnimmt und wiedergibt, stets verschiedenfarbiges Licht, das sich über die Fassade ergießt, zu bannen sucht. Die physische Beschaffenheit, die realitätsgetreue oder detaillierte Wiedergabe der Architektur interessierte den Maler nicht – es ist ausschließlich *Wirkung,* die er einfangen wollte. Und die ändert sich von Stunde zu Stunde, von Minute zu Minute. So dass Georges Clemenceau zu dem Eindruck gelangte, der Maler vermittle »uns das Gefühl, dass er fünfzig, hundert, tausend dieser Bilder hätte malen können, so viele wie sein Leben Sekunden zählt«.

Jedes einzelne Bild gibt also nur einen momenthaften Ausschnitt der Wahrnehmung wieder. Claude Monet hielt ganz be-

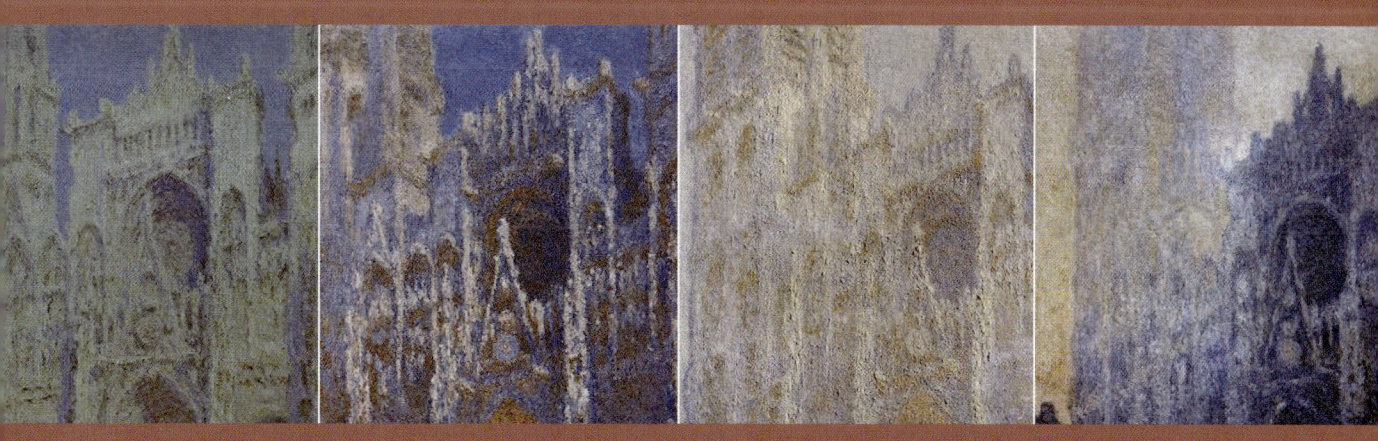

stimmte und deshalb vergängliche Augenblicke fest, Seheindrücke, die sich schon im nächsten Moment wieder veränderten. Was er über die Landschaft sagte, gilt auch für die Kathedrale von Rouen und eine ähnliche Bilderserie zum Bahnhof Saint-Lazare: Jeden Augenblick »wechselt ihre Erscheinung, sie lebt in Übereinstimmung mit dem, was sie umgibt, der Luft und dem Licht, die ständig wechseln«.

Wie die Einstellungen eines Films ziehen die Bilder am Auge des Betrachters vorbei, was zu der beunruhigenden Erfahrung führt, dass sich das Bild, das wir von der Kathedrale bekommen, immer mehr zu entfernen scheint, dass es immer unklarer wird. Auch Claude Monet hat gespürt, dass sein Auge ermüdete, je länger die Phasen intensiven Schauens dauerten, dass die Fassade der Kathedrale gänzlich zu verschwinden drohte. Und Wassily Kandinsky beschrieb seinen irritierten Eindruck über die Malweise Monets so: »Ich fand auch, dass der Maler kein Recht hat, so undeutlich zu malen. Ich empfand dumpf, dass der Gegenstand in diesem Bild fehlt.«

Und tatsächlich löst sich die Erscheinung zugunsten der Impressionen auf, die Claude Monet in dieser Bilderserie aus der Zeit zwischen 1892 und 1894, die er 1894 in seinem Atelier in Giverny vollendete, zu erfassen suchte. Man kann einwenden, dass er schließlich damit gescheitert ist. Wir wissen, dass der Maler unter Alpträumen litt und sogar einige Leinwände zerstörte, voller Zweifel über die Qualität seiner Bilder der Kathedrale von Rouen.

Die Bilder sind für uns deshalb von großer Bedeutung, weil sie ein für allemal den Eindruck zerstört haben, es gebe so etwas wie ein unveränderliches Erscheinungsbild der Kathedrale. Sie wirkt hier alles andere als gotisch oder mittelalterlich, sondern – je nach Tageszeit und Lichtstärke – bläulich im frühesten Sonnenaufgang, schwebend und fließend am Vormittag, fast strukturlos in mittäglicher Hitze, blass schimmernd in der Dämmerung, tiefrot glühend in der Abendsonne. Die Farben haben eine besondere Leuchtkraft, aber nicht wegen der Fenster, die dunkel und geheimnisvoll aussehen, sondern wegen der flimmernden Erscheinung, die das Licht auf die Fassade zaubert.

In dieser vibrierenden Kombination von Licht, Farbe und Atmosphäre scheint sich das Bild der Kathedrale schließlich aufzulösen in pure irisierende Wirkung. Der Gegenstand ist nicht mehr wichtig, nur noch das Spiel des Lichts auf den Mauern und die Atmosphäre des Eindrucks auf unserer Netzhaut.

Begonnen hat alles in Saint-Denis. Eine der mächtigsten Abteien, die dem Schutzheiligen Frankreichs gewidmete Abtei Saint-Denis bei Paris, Grablege der französischen Könige, wurde zum Ausgangspunkt der Gotik, bei der es sich – wie wir gesehen haben – nicht nur um einen neuen Stil, sondern um eine Umwälzung des Bauens selbst handelte.

Es ist unbekannt und daher umstritten, woher Abt Sugerius von Saint-Denis (1081–1151) die Idee nahm, all die byzantinisch-orientalischen Einflüsse und neuen Bauelemente zu einer revolutionären Architekturidee zu verschmelzen. Um das Jahr 1137 jedenfalls ließ er, wie er in seiner Autobiographie schreibt, »Künstler aus aller Welt« nach Saint-Denis kommen, und der Neubau seiner Abteikirche wurde das erste gotische Bauwerk Europas. Es ist nur in Überresten erhalten, man weiß jedoch, dass es sich noch um einen Mischstil handelte. Doch die 1140 vollendete Fassade und der 1144 geweihte Chor legten sozusagen den Grundstein für die gesamte Gotik.

Und Abt Sugerius gab mit seinen Schriften den entscheidenden Anstoß zur Entwicklung einer »gotischen Programmatik«. Er formulierte die Konzeption und ihre dahinter stehende Theologie, er definierte die Symbolik, er regte zu einer sinnlichen Präsenz des Glaubens an, indem er alles, was den Glauben ausmachte, sicht- und wahrnehmbar machen wollte: Er zeigte »das Überhimmlische in sinnfälligen Bildern, das in Eines Zusammengeschlossene in Farbe und vielfältiger Fülle, das Göttliche in menschlichen Analogien, das Stofflose im Stofflichen, kurz, das Überwesentliche in dem Gewand, das unser ist ... Wir bedürfen der sinnlich wahrnehmbaren Dinge, um von diesen aus einen Zugang zur geistigen Welt zu finden.«

Eine Explosion der Bautätigkeit ging von Saint-Denis aus, geradezu ein Rausch, immer größere, immer prächtigere, immer höhere und lichtere Kathedralen zu schaffen, in denen das Göttliche

*Wolkenkratzer des Mittelalters. Blick an den Türmen
von Notre-Dame de Paris, hoch in den Himmel*

Die englische Gotik schließt oft ein Langschiff mit einem wuchtigen Turm auf quadratischem Grundriss ab: Kathedrale von Worcester, Großbritannien.

GEIST DER GOTIK

präsent und sichtbar werden sollte. Die Abteikirche um 1140 war das erste Werk der Gotik, dem im Verlauf eines Jahrhunderts sämtliche großen nordfranzösischen Kathedralen folgen: Paris, Sens, Noyon, Chartres, Reims und Amiens, die größte von allen. Und schließlich der frühe Höhepunkt: die Sainte-Chapelle in Paris.

Es wäre vermessen, in diesem Rahmen die verschiedenen Ausprägungen der Gotik in England, Spanien, Italien und Deutschland würdigen zu wollen. Eine kurzgefasste Übersicht indes hilft, die Gotik als europäische Architekturepoche zu begreifen.

In England, dessen Herrschaftsbereich damals noch bedeutende Gebiete des heutigen Frankreich umfasste, fand die Gotik sofort Eingang, aber sie war massiver, breitflächiger und weniger schmuckvoll. Die Begeisterung für den neuen Stil allerdings war

nicht geringer als anderswo. Die englische Gotik zeigte eine große Selbständigkeit, sie begann im letzten Viertel des zwölften Jahrhunderts die normannische Romanik zu verdrängen. Zu den berühmtesten Kirchenbauten gehören die Kathedralen von Salisbury, Canterbury und York sowie Westminster Abbey in London, für die Heinrich III. drückende Steuern erhob, um sie nach dem Vorbild von Reims und Amiens bauen zu können. Charakteristisch ist in der englischen Gotik der geschweifte Spitzbogen, aber auch das vielfältig gestaltete Kreuzgewölbe.

Auch in Spanien stand die Gotik unter französischem Einfluß, wie die Kirchenbauten in Toledo, Leon, Burgos, Barcelona und Segovia beweisen. Die Kathedrale von Sevilla nähert sich mit ihren fünf Schiffen jedoch der Anlage einer Moschee, die üppig wuchernde Ornamentik folgt den Gesetzen arabischer Dekorationskunst. Hier verband sich die Gotik mit dem maurischen Stil zu einer ganz eigenständigen Spielart.

*Blick in das Kreuzgewölbe der Kathedrale
von Barcelona, Spanien*

*Wie ein Zauberpalast filigraner
Architektur: Mailänder Dom, Italien*

In Italien hatte sie gegen die ungebrochene klassische Tradition einen schweren Stand: Hier wurde sie am stärksten umgewandelt, das heißt dem byzantinischen und romanischen Stil angenähert. Der italienische Marmor bot für die Gotik andere Voraussetzungen als der Sandstein des Nordens. Und während der Norden bis auf wenige Ausnahmen nur gotische Kirchen baute, entstanden in Italien auch Regierungsgebäude und Privathäuser in gotischem Stil.

Deutschland stand zur Zeit der Blüte der französischen Gotik noch ganz im Bann des romanischen Stils. Zunächst wurde aus Frankreich nur das eine oder andere Element übernommen, das man auf eigene Weise verwertete, ohne den gesamten Stil zu ver-

Der wuchtige Turm des Altenberger Doms, Deutschland

ändern. Der Bamberger Dom, 1237 vollendet, zeigt noch einen Übergangsstil mit kleinen, rundbogigen Fenstern, aber Spitzbogengewölben. Noch weit ins dreizehnte Jahrhundert hinein baute man hier romanisch.

In Köln hingegen entstand der »französischste aller Dome« außerhalb Frankreichs. 1248 wurde hier der Grundstein gelegt, 1322 war der Chor nach dem Vorbild von Amiens fertig und wurde an der Westseite durch eine Mauer geschlossen. Die Baumeister in Köln übertrafen die klassisch strengen Formen von Amiens noch durch eine ungeahnte Pracht des Strebewerks und der Gliederungen. Doch erst zwischen 1842 und 1880 wurde der Dom mit seinen beiden charakteristischen Türmen fertiggestellt, indem man den Plan des dreizehnten Jahrhunderts strikt historisch, mit einem halben Jahrtausend Verspätung, doch geradezu korrekt ausführte.

Da sich die an bestimmten Großbauten des Mittelalters tätigen Bauhandwerker, die Steinmetze und Maurer, nach und nach in Bauhütten organisierten, wurde der Geist der Gotik sozusagen exportfähig. Durch die Wanderungen der Bauleute verbreiteten sich die neuen Ideen rasch: in Wien (Stephansdom), in Ulm (Münster), in Prag (Veitsdom).

DER BAU DER KATHEDRALE

DER BAU DER KATHEDRALE

Der Begriff Kathedrale setzt in ihrem Bau eine *cathedra*, den Bischofsthron voraus, der in den altchristlichen und frühmittelalterlichen Kirchen seinen Platz in der Mittelachse des Hauptchors hinter dem Altar, später zu seiner Rechten fand. Die Bischofskirche war bis zum Beginn des zwölften Jahrhunderts keineswegs immer das bedeutendste Bauwerk der Stadt oder der Diözese, wurde an Größe oft von den mächtigen Abteikirchen übertroffen. Bis in die romanische Zeit hinein war die Kathedrale, die Bischofskirche, im Vergleich mit den riesigen Klosterkirchen, die sich ihrer Macht und ihres Reichtums stolz bewusst waren, oft genug ein eher bescheidenes Gebäude. Von der Mitte des zwölften Jahrhunderts rückte sie auf den ersten Platz, zur gleichen Zeit, als sich die Städte entwickelten und zu gesellschaftlichen und religiösen Zentren wurden, sich um ihre Kathedrale scharten. Dort spielte sich fortan der eigentliche Markt ab, dort florierten die Geschäfte, dort hatten Handel und Gewerbe ihren Mittelpunkt.

So verlangte der wachsende Reichtum und das gesteigerte Selbstbewusstsein der Städte in jeder Diözese ein monumentales Bauwerk – der Kathedralenbau wurde zum Wettlauf der Bischofsstädte, die an Stelle der alten, kleineren Anlagen nun Riesenbauten setzten, dabei eifersüchtig auf die offensichtlichen Ambitionen der Nachbarstadt blickend. Bei dieser nun einsetzenden enormen Bautätigkeit spielte der Ehrgeiz der einzelnen Städte und Gemeinden, sich gegenseitig übertrumpfen zu wollen, eine nicht zu unterschätzende Rolle.

Diese gewaltigen Kathedralen des zwölften und dreizehnten Jahrhunderts waren für ihre kleine Gemeinde zumeist zu groß; sie waren jedoch prädestiniert für besondere kirchliche, festliche und repräsentative Veranstaltungen oder waren, wie viele unter ihnen, darunter Chartres, zugleich bekannte Pilgerorte. Die Bezeichnung *Kathedrale* gebührt streng genommen nur dem Bischofssitz, wurde

Kathedrale zu Exeter, Großbritannien: Wie auch im Prager St. Veits-Dom sitzen die Fenster auf den durch Spitzbogen verbundenen Säulen, deren Massivität durch eine reiche, sich an der Decke fortsetzende Gliederung aufgebrochen wurde.

Ein Bild klassischer Schönheit: Lichtreflexe auf Säulen und Spitzbogen rufen den Eindruck hervor, der Stein würde leben.

aber mitunter – wie der Name *Dom* im deutschen oder *Münster* im süddeutschen Sprachraum – allgemein auf große, repräsentative Abtei-, Stifts- oder Stadtkirchen angewendet.

Der Beginn einer städtischen Kunst. Die sich immer mehr entfaltenden und im Baueifer überbietenden Städte – ausgestattet mit neuen Privilegien und mit eigenem Recht – wurden zu den »Hüterinnen« der Kathedralen. Das mit Handel und Handwerk prosperierende Bürgertum hatte ein frisches, umwälzendes Element in die alte feudale Gesellschaftsordnung hineingebracht und suchte nun auch in seinen künstlerischen Bedürfnissen ein Gegengewicht zu der höfisch-ritterlichen wie der kirchlichen Welt herauszustellen. Mit dem Bürgertum aber übernahmen Laien die Führung in allen großen künstlerischen Projekten. Es ist wirklich die »Kunst der Laien und Städte«, welche die »Kunst der Mönche und Klöster« ersetzt.

Gotisches Spitzbogen-Fenster von außen: Man sieht die Umrisse der Figuren; Farbe, Licht und Leben bekommen sie erst im Inneren.

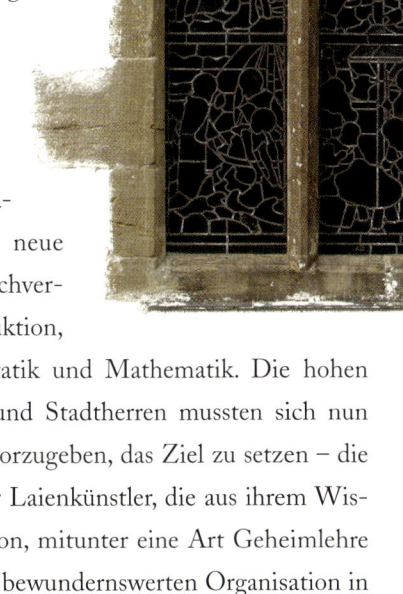

In romanischer Zeit war die Hauptarbeit in Planung und Ausführung der Kirchen nämlich noch von Mönchen geleistet worden. Das war bei der Zahl und Größe der gotischen Kathedralen nicht mehr möglich. Allein der Riesenauftrag an Figuren, der von Steinmetzen zu bewältigen war, überstieg die Arbeitskraft der geistlichen Handwerker bei weitem. Die Zeit der Baudilettanten war damit endgültig vorüber; die neue Kunst verlangte viel zu viel Sachverstand an Technik und Konstruktion, ein zu großes Wissen um Statik und Mathematik. Die hohen Geistlichen wie die Fürsten und Stadtherren mussten sich nun darauf beschränken, die Idee vorzugeben, das Ziel zu setzen – die Ausführung blieb Aufgabe der Laienkünstler, die aus ihrem Wissen und Können eine Profession, mitunter eine Art Geheimlehre machten und sich in mit einer bewundernswerten Organisation in neuen Bauhütten zusammenschlossen.

In die Hände der Bürger und Handwerker gelangte schließlich mit der Zeit die eigentliche Verantwortung für den Bau der Kathedrale. Hinzu kam, daß sich zahlreiche neue Handwerke entwickelten, die den enormen Bedarf der Kirchen an kultischem Zubehör deckten: Reliquiare, Monstranzen, Kelche, Leuchter, Mosaiken. In romanischer Zeit war dies alles in den großen Werkstätten der Klöster von Mönchen geschaffen worden. Auch die Baumeister waren Mönche gewesen. Im elften und zwölften Jahrhundert gingen aus Cluny die meisten Maler, Bildhauer und Baumeister Europas hervor.

Ein nahezu komplettes Szenarium der gotischen Formensprache bietet dieser Blick durch Notre-Dame de Paris, Frankreich.

Der Bauboom gotischer Kathedralen und Kirchen erforderte neue Organisationsformen, und die Tatsache, dass die Kunsthandwerke nun auch die weltlichen Künstler ernährten, brachte wiederum die gotische Kunst zur vollen Blüte. Vieles kam auch aus dem Orient, die Kunst des Emaillierens etwa oder die Arbeit mit Glas.

In Murano bei Venedig wurden gläserne Mosaiksteinchen hergestellt, Glasperlen, Becher, vergoldete und emaillierte Glaswaren, gläserne Spiegel statt der bisherigen Metallspiegel.

Die soziale Stellung der Künstler und Kunsthandwerker erfuhr bald eine gravierende Änderung. Sie schlossen sich Zünften an, die unentbehrlichsten waren die Steinmetzen. In den Bauhütten wurde das Können und Wissen nicht nur entwickelt, sondern als Geheimnis gehütet. Als genossenschaftlicher Verband, zu dem sich Meister und Gesellen zusammenschlossen, war er nicht ortsgebunden und konnte sich den einengenden Zunftsatzungen der Städte meist entziehen. In ganz Europa wanderten die Steinmetzen von einer großen Bauaufgabe zur anderen; ihre Sonderstellung innerhalb der Gesellschaft und ihr bei aller Freizügigkeit strenges Berufsethos schlug sich in den spätmittelalterlichen Steinmetzordnungen nieder.

Die Kirchenbauten wuchsen rasch an Größe. Das erste Mittelschiff, das von Saint-Denis, war noch 18 Meter hoch gewesen. In Notre-Dame de Paris erreichte es bereits eine Höhe von 32,5 Metern, in Amiens von 42 Metern. Als man in Beauvais wagte, das Gewölbe erst in 48 Meter Höhe zu schließen, brach es 1284 bis auf den Chor ein. Häufig waren die Fundamente dem trotz aller scheinbarer Schwerelosigkeit doch gewaltigen Druck nicht gewachsen, so dass die Türme unvollendet bleiben mussten, weil die unteren Teile nachgaben.

Folge der Spur des Geldes – dieser Grundsatz gilt auch, wenn man der Frage nach der Herkunft der gewaltigen Investitionen in den Glauben nachgeht, welche der Bau einer Kathedrale über Jahrzehnte und Jahrhunderte hinweg erforderte. Um eine Bauhütte ins Leben zu rufen, den Hüttenmeister und die anderen Handwerksmeister, Arbeiter und Gehilfen bezahlen zu können, um die notwendigen Materialien anzuschaffen, die gewaltigen Steinblöcke aus dem Steinbruch zu holen, sie vorzurichten und zuzu-

*Details der mittelalterlichen Architektur:
Säule (oben) und Kapitell (unten).*

schlagen, die großen Gerüste aufzurichten, die so gigantisch waren, dass man sie manchmal als »Wald« bezeichnete, und schließlich das Dach mit schönen Bleiplatten decken zu können, den Skulpturenschmuck herzustellen und die Glasfenster auszuführen und einzusetzen – brauchte man viel, viel Geld.

Die Initialzündung war stets Begeisterung, die pure Lust daran, ein großes Haus aller Gläubigen zu errichten, in dem sie sich an den Festtagen versammelten, um dort, angesichts des wunderbaren Schmucks der Portale und Fenster, vom Paradies zu träumen.

Nicht die Kirche an sich, nicht die »Amtskirche« baute die Kathedrale, sondern die Bürger taten es für sich. So wurden Opferstöcke in der im Bau befindlichen Kirche sowie bei den Honoratioren aus der Kaufmannsgilde aufgestellt, man veranstaltete Sammlungen in Stadt und Diözese, oftmals sogar in den benachbarten Diözesen, die man zur Verehrung der Reliquien aufrief. Man zweigte bestimmte Beträge der Einnahmen von Bistum und Kapitel ab; es wurden Stiftungen seitens des Klerus, des Königs und des Adels gemacht; reiche Kaufleute zogen sich die Spendierhosen an und übertrumpften sich gegenseitig mit Geld- und Sachspenden. Und wenn es sich als notwendig erwies, scheute man sich nicht, umfangreiche Darlehen aufzunehmen. Die »Spuren der Spender« sind noch heute in den Kathedralen zu sehen: Figuren der Stifter und Kaufherren an Säulen und in Kapellen; Glasfenster, die Mitglieder der Zünfte bei Ausübung ihres Handwerks darstellen.

Die Bürger trugen zum Gelingen des Werkes jedoch nicht nur mit Spendungen und Stiftungen bei, sondern kamen auch persönlich, um sich in den Dienst der Bauhütten zu stellen. Männer und Frauen, Reiche und Arme versorgten die am Bau beschäftig-

Strebewerk am Kölner Dom, Deutschland.

ten Arbeiter mit Lebensmitteln und sonstigem Bedarf, bildeten Dombau-Bruderschaften und spannten sich selbst vor die Karren, die mit Steinen, Sand, Kalk und Holz beladen waren. Doch die Gläubigen konnten den Handwerkern nur Hilfsdienste leisten, waren natürlich nicht in der Lage, die Steine zu behauen, das Holz auszuschneiden oder Mauern, Gerüste und Gewölbe aufzurichten. Für Planung, Ausführung und Leitung war der Baumeister als Chef der Bauhütte zuständig, außerdem brauchte man Maurer, Schreiner, Schmiede und Schlosser, Dachdecker und Bildhauer, Maler und Glasmaler.

Und trotzdem – obwohl sich die Menschen damals mit glühender Begeisterung in das Projekt stürzten, sie brauchten einen langen Atem. Meistens reichten die aufgebrachten Geldbeträge nicht aus, und dann gingen die Arbeiten nur sehr langsam, Joch um Joch (Job um Job, würde man heute sagen), voran. Aber diese Art zu bauen – wobei man das jeweilige Fortschreiten der Technik verfolgen, die Entwicklung der Formen, der Ziergesimse, des geschnitzten und gemalten Dekors beobachten konnte, je nachdem die Arbeiten vorangingen – ist der Grund dafür, dass in diesen

Der Bau der Kathedrale von Ely in der Grafschaft Cambridgeshire, Großbritannien, wurde im Jahr 1083 unter Wilhelm I. begonnen und 1351 abgeschlossen.

großen Bauten ein so starkes Leben spürbar ist. Einfach, weil man nicht über genügend Gelder verfügte und die Bauhütten zwischendurch immer mal wieder geschlossen werden mussten, bis wieder neue Hilfsmittel aufgetrieben waren, hat der Bau der Kathedralen oft so lange Zeit gebraucht. Der Neubau von Saint-Denis gelang noch in unglaublichen sieben Jahren. In Chartres dauerte es fünfzig Jahre, in Amiens sechzig, in Paris achtzig, in Reims neunzig, in Bourges sogar hundert, und die Kathedrale von Beauvais schließlich ist nie vollendet worden. Der Kölner Dom, 1248 begonnen, hatte 1322 seinen Chor, aber dann erlahmte die Kraft der Bauherren und Bürger.

Die Zeit arbeitete gegen die Kathedralen. Es war eine unglaubliche Kraftanstrengung, die Arbeiten zum Abschluss zu bringen. Sie waren immer das Werk mehrerer Generationen, und nie erlebten die Bauleute, die den Grundstein gelegt hatten, die feierliche Einweihung ihres Doms. Es waren auch wirtschaftlich erstaunliche Leistungen, die immer wieder von Kriegen und Seuchen unterbrochen wurden. Oder es kam zu Aufständen gegen die Bauherren, wenn sie die Anforderungen überspannten.

Nach menschlichem Maß wurde hier etwas Übermenschliches vollbracht. Diese Bauverzögerungen, die unberechenbaren Schwierigkeiten des Baugeländes, das Vorhandensein von Straßen und anderen Bauten, die nicht entfernt werden konnten, die Nähe der Stadtmauer waren Grund genug für die oftmals sich als notwendig erweisenden Achsenverschiebungen. Aber all dies, wie auch die Veränderungen der Grundrisse, die Unterschiede der Jochbreiten und Höhe der Strebepfeiler beunruhigten die mittelalterlichen Baumeister nicht im geringsten – weil sie sich noch nicht wie ihre Nachfolger streng an die Prinzipien von Symmetrie und Gleichförmigkeit zu halten hatten, die für diese zur absoluten Norm geworden waren. Sie ließen sich ausschließlich von menschlichen Proportionen bestimmen: Mauerwerk, Fenster- und Portalöffnungen, Bogenstellungen, Balustraden und sämtliche Einzelheiten der Konstruktion und Dekoration waren immer auf den Menschen zugeschnitten.

Der geniale Kopf hinter allem blieb im Dunkel der Geschichte. In seiner Autobiographie hatte Abt Sugerius von Saint-Denis kein Wort übrig für den wichtigsten Mann unter seinen Bauleuten, den Baumeister, der seine Ideen verstand und in die Tat umsetzte. Abgesichts des großen Rangunterschieds zwischen den Ständen, unter denen der geistliche an erster Stelle stand, muss es für den Kirchenfürsten nicht leicht gewesen sein, das Schöpferische im Architekten, im Künstler überhaupt wahrzunehmen und anzuerkennen. Erst im dreizehnten Jahrhundert begann man zu begreifen, dass es der Geist des Baumeisters war, der die Kathedrale prägte.

Nur ein einziges, allerdings berühmtes Skizzenbuch eines Architekten aus dieser Zeit ist erhalten. Der Baumeister Villard de Honnecourt hat es 1235 als eine Art Lehrbuch für die Leute seiner Bauhütte mit Zeichnungen und Texterläuterungen geschrieben. Er besuchte Cambrai, Saint-Quentin und Chartres; seine Reisen führten ihn über Reims und Lausanne bis nach Ungarn. Er zeichnete alle neu entdeckten und erprobten Verfahrensweisen auf und hielt in seinem Werkbuch Arbeitsmethoden, Muster von Maschinen und Werkzeugen fest, die zur Arbeitserleichterung dienten, skizzierte Grundrisse, Gesimseprofile und Skulpturen, die seine Aufmerksamkeit besonders gefesselt hatten. Die eingestreuten geometrischen und algebraischen Formeln lassen erkennen,

Wie Arme greifen die Strebebögen aus dem Mauerwerk nach draußen und suchen dort Stabilität und Halt für den massiven gotischen Kirchenbau.

DER BAU DER KATHEDRALE

welchen Anteil bereits die exakte Wissenschaft an der Entstehung der Kathedralen hatte. Dieses Skizzenbuch ist auch so etwas wie ein Dokument organisierter, aber durchaus legaler Werksspionage.

Die Seele des Bauwerks war der Hüttenmeister; er hatte den Gesamtüberblick und vor seinem inneren Augen erstand der Bau so, wie er geplant war. Oft kam dieser »Kopf der Kathedrale« aus der Gilde der Steinmetze und verfügte über die Kenntnis aller Traditionen und Finessen seines Handwerks, beherrschte aber auch

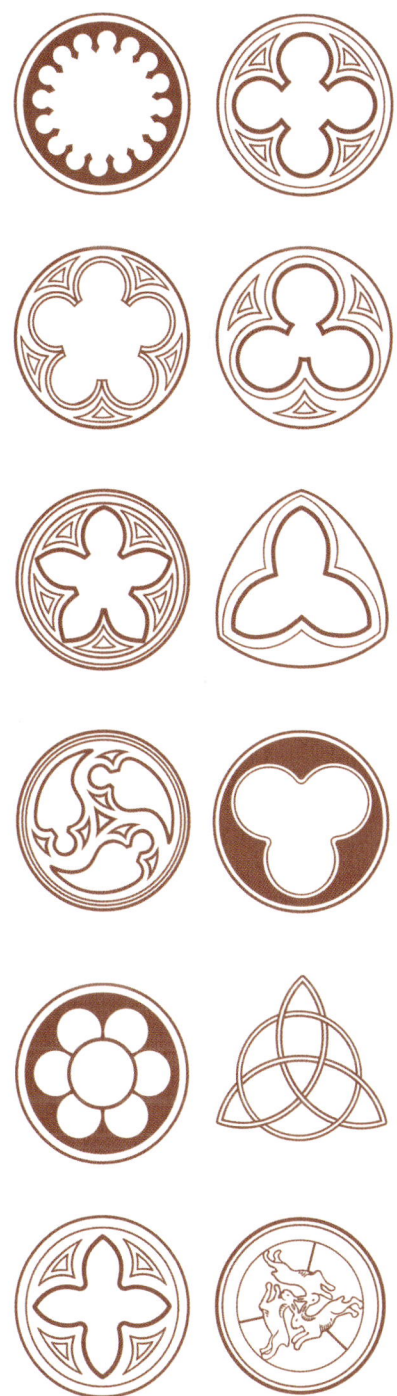

Gotische Fenster- und Dekorformen. Unten rechts das Drei-Hasen-Fenster, wie es auch im Kreuzgang des Hohen Doms zu Paderborn, Deutschland, zu bewundern ist: Es sind drei Hasen, jeder hat zwei Ohren, und doch sind insgesamt nur drei Ohren zu sehen. Ein symbolisches Spiel mit der göttlichen Trinität.

alle anderen Handwerksarten, die zusammen erst den Bau vollenden konnten, dessen Leitung er übernommen hatte. Innerhalb der Bauhütte stand ihm ein Maurer- und ein Schreinermeister zur Seite, deren Hilfe durch einen Schmiedemeister, ferner durch Bleigießer, Bildhauer und Glasmaler ergänzt wurde. Sie waren alle – wie er selber – in einer mindestens sechsjährigen Lehrzeit bei einem Meister ihres Handwerks ausgebildet worden und von Bauhütte zu Bauhütte durch ganz Europa gewandert, um über die Fortschritte ihrer Kunst auf dem Laufenden zu bleiben.

Der Meister der Bauhütte legte dem Bischof, dem Kirchenkapitel und auch dem Stadtrat Grundriss und Modell der neuen Kathedrale vor, die von diesen meist erst nach zahlreichen Diskussionen und Modifikationen angenommen wurden. Daraufhin wurde ihm ein Kleriker aus der Dombaubehörde zugeteilt, der in der Art eines Geschäftsführers die gesamten finanziellen Dinge zu regeln hatte, die Geschäftsbücher führte, Vertragsabschlüsse über den Warenankauf tätigte und Arbeiter und Gehilfen bezahlte. Der Baumeister arbeitete die Pläne und Grundrisse in allen Einzelheiten aus und zeichnete die Aufrisse, fertigte für die Gesimse, Statuen und Portalreliefs Modellskizzen an, ja, er gab sogar die Szenen an, die auf den Glasfenstern zu sehen sein sollten. Zusammen mit seinem Kompagnon aus der Dombaubehörde stimmte er die gesamte Ikonographie des Bauwerks ab. Er hatte auch das Behauen der Steine zu beaufsichtigen und ließ es sich oft nicht nehmen, die schwierigsten Schläge selbst auszuführen.

Standen Grundriss und Aufriss des Bauwerks erst einmal fest, so arbeitete der Hüttenmeister in einem eigens dafür bestimmten Haus, dem sogenannten »Planungsraum«, alle Details aus, wählte sämtliche Materialien aus (vor allem die Steine aus den betreffenden Steinbrüchen und das Holz aus den benachbarten Wäldern). Dann begann er mit der Organisation der Bauhütte, was ein Management in großem Stil erforderte. Handwerker und Handlanger wurden angeworben, den Steinmetzen wurde ein mit Dach verse-

Gotische Krabbe – ein Beispiel für das der Natur nachempfundene Zierwerk an Stein und Holz. Kupferstich von Martin Schongauer

hener Verschlag zugewiesen, in dem sie auch ihre Gerätschaften unterbringen konnten. Gleich nebenan wurde die Schmiede eingerichtet, in der das Werkzeug repariert und erneuert wurde. Hier arbeiteten auch die Bildhauer.

Zu den Aufgaben des Hüttenmeisters gehörte außerdem, persönlich die Markierungslinien der Fundamente auf dem Baugrundstück anzugeben, das größtenteils von älteren darauf befindlichen Bauten noch nicht freigemacht war; meist ließ man die alte Kirche vorerst ganz oder teilweise stehen, damit Reliquien und Gottesdienst einen Ort fanden und der Kult nicht unterbrochen zu werden brauchte, bis das neue Gebäude so weit fortgeschritten war, dass es den Altar und die Reliquien der Heiligen aufnehmen konnte. Dann kam der Zeitpunkt, an dem die alte Kirche endgültig abgerissen und ein neuer Bauabschnitt begonnen werden konnte. Das alte Material wurde in den Fundamenten des neuen Bauwerks mitverwendet, da die »geweihten Steine« zu profanen Zwecken nicht mehr zu gebrauchen waren.

Die Fundamente wurden in sehr großer Tiefe angelegt – oft gingen sie bis auf acht oder neun Meter hinunter, bevor sie felsigen oder sonstigen festen Baugrund erreichten. In diesem riesigen Loch verschwand dann außer dem alten Baumaterial auch der Haufen missglückter oder fehlerhafter Steine, so dass allein die Arbeiten am Fundament oft mehrere Monate, ja mitunter Jahre in Anspruch nahmen. Die Grundsteinlegung war dann der Anlass zu einer sehr wichtigen und oft ergreifenden feierlichen Zeremonie.

Die eigentliche Arbeit an der neuen Kathedrale begann nun damit, dass die Mauern aufgerichtet und dann das Gebäude mit einem Dach versehen wurde. Die Gewölbe wurden eingezogen, die Fensteröffnungen durch Glasscheiben geschlossen, die plastischen Arbeiten beendet und die Statuen

Kirchenbau: Miniatur aus einer französischen Handschrift der Sage von Girart de Roussillon (1448). Das Bild zeigt die verschiedenen Stadien des Baufortschritts. Der Ostchor (vorn rechts) ist wie üblich zuerst fertig. In ihm wird schon die Messe gelesen, während die Türme, die zuletzt errichtet werden, noch verkleidet sind.

und Reliefs am Außenbau und im Inneren der Kathedrale an den dafür bestimmten Stellen angebracht. Die Skulpturen erhielten ihre farbige Fassung, die sie sowohl vor Witterungseinflüssen schützen wie ihre Wirkung steigern sollte. Wir müssen uns hier vor Augen halten, dass die Figuren und das Skulpturenwerk an der Fassade von Notre-Dame in Paris zum Beispiel ganz von Gold und strahlenden Farben überzogen waren, ebenso auch die Säulen und Pilaster an den Portalen und der Königsgalerie; farbig eingefasst waren ferner das Geschoss der Mittelrose, die oberste Galerie und die Türme – so eine begeisterte Schilderung aus dem vierzehnten Jahrhundert.

Die Meister der Bauhütte stützten sich bei ihrer Aufgabe auf die Kenntnis geometrischer und algebraischer Formeln, deren eifersüchtig gehütete Traditionen nur vom Meister auf den Lehrling übergingen. In Werkbüchern wurden die Raumverhältnisse und Maße des Bauwerks festgehalten, die Spannungsdifferenzen der Bögen, die Stärke der Gewölbe und der tragenden Glieder, die Berechnung des Strebesystems, der Entwurf des Risses, die Maße des Innenraums und der Fassaden, vielleicht auch noch die wesentlichen Angaben zum gemalten und skulpierten Dekor – Regeln, die sich aus Erfahrung und Praxis ergaben, nicht aus irgendeiner Theorie. Die auf Erfahrungen beruhenden Kenntnisse mittelalterlicher Baukunst – deren Richtigkeit sich in Formeln bestätigte, die sich schon in der romanischen Epoche als nützlich erwiesen hatten, als noch die Stärke der von engen Fensteröffnungen durchbrochenen Mauern ausschlaggebend gewesen war, um das Gleichgewicht der Gewölbe aufrechtzuerhalten –, waren auch für die neue Kunstform, nämlich die gotische Kunst, unentbehrlich geblieben.

Das System der gotischen Baukunst am Beispiel der Kathedrale von Amiens: a = Strebepfeiler. b = Fiale. c = Strebebogen. d = Triforium. e = Spitzbogiges Kreuzgewölbe (Rippenwölbung). f = Lichtgaden.

Das charakteristische Merkmal der gotischen Kunst besteht darin, dass man die Gewölbe auf Kreuzrippen aufmauerte, die von Strebepfeilern und später von Strebebögen abgestützt wurden, wobei man systematisch den Spitzbogen anwendete.

Für das über Kreuzrippen errichtete Gewölbe ist ein quadratischer oder rechteckiger Grundriss maßgebend. Es ruht auf Füllsteinen oder einem Mauerverband, der im allgemeinen aus vier Feldern besteht, ähnlich wie bei einem Gratgewölbe: Sie sind unter den Gratkanten durch zwei Diagonalrippen verstärkt, die sich am Schlussstein schneiden, und von zwei Gurtbögen eingerahmt, die sich quer durch das Schiff schwingen, ferner durch zwei Schildbögen, die sich an die Traufseitenmauer anlegen. Jede der Diagonalrippen bildet einen Spitzbogen, und diese begegnen sich im Scheitelpunkt der Kreuzgurte.

So gelang es, die tragenden Glieder an den Ecken der Gewölbe auf einen sehr schwachen Durchschnitt zu reduzieren und zwischen ihnen einen unendlich großen Spielraum freizulassen. Damit diese tragenden Glieder den Schubkräften standhalten konnten, war nichts anderes notwendig, als sie genügend zu verstreben.

Schon das Gratgewölbe wies diese Vorteile auf, aber die mit seiner Konstruktion verbundenen Schwierigkeiten sowie sein beträchtliches Gewicht – es musste für seine Haltbarkeit eine große Stärke und Massivität aufweisen – erschwerten seine Anwendung, besonders bei großen Grundflächen. Die Kreuzrippengewölbe erleichterten diese Bauweise erheblich: Man baute zunächst die Traufseitenmauern, stellte das Gerüst auf und zog das Dach ein, um die Bauhütte unter Dach zu bringen und die Mauern zu belasten. Dann wölbte man die Kreuzrippen und die Gurtbögen ein und ließ den Mörtel trocknen. Schließlich mauerte man mit Hilfe leichter Holzgerüste die Gewölbefelder; die Kreuzrippen passten sich allen zu bedeckenden Flächen an, wie auch immer sie gestaltet waren.

Meißner Dom, Deutschland: Die blendende Wirkung der Chorfenster wird durch den hellen Stein der Säulen und die weiße Decke unterstrichen.

Zunächst waren sie nichts anderes als eine mehr oder weniger gut angebrachte Verstärkung, aber in den großen Kathedralen des dreizehnten Jahrhunderts spielten sie auch eine wichtige dekorative, ja sogar symbolische Rolle und folgten damit der Überlieferung des Mittelalters, das jedes konstruktive Element in pure Schönheit zu verwandeln suchte. Die Kreuzgurte tragen einen wesentlichen Teil zu dem gotischen Drang in die Höhe bei, da sie die vom Boden an den Pfeilern und Mauern entlang aufsteigenden Linien der dünnen Dienste bis zum Scheitelpunkt des Gewölbes hinauf verlängern.

Das alles gelang nicht von heute auf morgen – es war eine Zeit des tastenden Suchens, die der endgültigen Ausformung der gotischen Kunst vorausging. Diese Formen haben gewissermaßen die Baumeister bei Ausarbeitung des in Felder aufgeteilten und von Rippen verstärkten Gewölbes beeinflusst, bis dann in der zweiten Hälfte des zwölften Jahrhunderts die Maurermeister – die sich von den Traditionen ihres Handwerks, ihren zunehmenden technischen Kenntnissen, ihrem Sinn für das, was möglich war, und dem Wunsch, ständig bessere Bedingungen für die Errich-

Im Prager St. Veits-Dom, Tschechien, prägt der Spitzbogen sowohl die hoch angesetzten Fenster als auch den gesamten Innenraum.

DER BAU DER KATHEDRALE

tung immer leichterer Gewölbe ausfindig zu machen, die sich hoch und immer noch höher über das licht gewordene Kircheninnere erhoben, leiten ließen – zum Kreuzrippengewölbe entschlossen. Während die anglo-normannische Kunst – Durham, Peterborough, Winchester und einige Kirchen der Gegend von Rouen und Caen zeigen das – sich nie ganz vom Rundbogen trennen wollte.

Das Kreuzrippengewölbe, dessen Scheitel durch Spitzbögen immer höher gezogen wurde, gilt allgemein als das sichtbarste Charakteristikum gotischer Baukunst. Bis der Schlussstein des Gewölbes so hoch angesetzt wurde, dass man die Diagonalrippen ebenfalls spitzbogig machen konnte. Die logische und regelmäßige Anwendung des Spitzbogens für die Rippengewölbe und die Erdgeschossarkaden geht allmählich auf das gesamte Gebäude über: Die Emporenarkaden und die Bogenreihen der Triforien, die Öffnungen in den Türmen, die Portale und Fenster sowie die die Fensterrosen einrahmenden Bögen und die schmückenden Arkaturen – allesamt nehmen sie die Form des Spitzbogens an.

Gegen Ende des zwölften Jahrhunderts trat nun der echte Strebebogen auf: große steinerne Arme, die sich oberhalb der Dachstühle der Seitenschiffe ausstrecken und sich auf die Gewölbepfeiler stützen. So wurde das Gleichgewicht der Gewölbe des Hochschiffs gesichert, so wurden die Fenster beträchtlich vergrößert – ein Ziel, das die mittelalterlichen Baumeister geradezu rastlos verfolgten.

Das Gesamt-Kunsthandwerk. Nicht nur den Steinmetzen boten die gotischen Kathedralen eine Überfülle an Möglichkeiten; auch die Glasmaler hatten ihre hohe Zeit. Außerdem wurden kostbare Gefäße und Textilien für die heiligen Rituale gestaltet, was das weitverzweigte Kunsthandwerk beträchtlich anregte. Die Kathedrale von Chartres beherbergt nicht weniger als zehntausend (!) lebensgroße gemalte und gemeißelte Figuren, allein in den Portalen stehen über zweitausend Statuen.

Der spätgotische Mailänder Dom sollte alles Dagewesene übertreffen. Hier wurde die Dekorationskunst buchstäblich auf die Spitze getrieben: Das Dach mit seinen durchbrochenen Spitzen und reich verzierten Strebebögen sowie den charakteristischen hohen, mit Steinfiguren finalisierten Türmen wirkt wie eine orchestrierte Symphonie gotischen Dekors. Die Zierformen des 1387 begonnenen Daches wurden hier zum Selbstzweck, denn viele der 135 Spitzen haben keinerlei konstruktive Funktion mehr.

Nicht nur in Stein, auch in Holz wurde das den Formen der Flora abgeschaute Dekor zum filigranen Zierwerk.

Tafelmaler und Holzschnitzer bekamen nun Aufgaben, die sie auf ungeahnte Weise herausforderten, ihren Ehrgeiz anstachelten und an Zahl und Ausmaß alles Bisherige weit in den Schatten stellten. Der von Veit Stoß gestaltete Krakauer Marienaltar ist 13 Meter hoch und, wenn er ganz geöffnet ist, fast 11 Meter breit. Die Figuren des Mittelschreins mit dem Thema der sterbenden Maria sind überlebensgroß, bis zu 2 Meter 80 hoch. Im Jahr 1518, acht Monate nach dem Beginn der Reformation, vollendete Veit Stoß seinen »Englischen Gruß« für den spätgotischen Chor von St. Lorenz in Nürnberg: Die Figuren der Maria und des Engels sind von einem riesigen Rosenkranz umschlossen, der 3 Meter 70 hoch und 3 Meter 20 breit ist. So hängt das gewaltige Kunstwerk in der Chormitte frei von der Wölbung herab in den Raum vor dem farbigen Hintergrund der Fenster.

So sehr die Bauhütten und Zünfte auf ihr Berufsethos sahen und beispielsweise streng darauf achteten, dass das verwendete Material von bester Qualität war, so wurden die Künstler in ihrer Arbeit doch immer freier. Bevor ein Auftrag vergeben wurde, schloss der Stifter des Kunstwerks oder auch die Kirche als Bauherr mit dem betreffenden Künstler einen Vertrag ab, der die Lieferzeit und das Honorar, das Material und das Thema des bestellten Werkes regelte. Über die künstlerische Ausgestaltung aber entschied er relativ frei.

Durch das nicht immer spannungsfreie Zusammenwirken zwischen der Obrigkeit, die das Gesamtbild bestimmte, und dem frei-

*Grundrisse gotischer Kathedralen:
links Paris, Notre-Dame; Mitte Amiens, rechts Köln*

en oder doch verhältnismäßig freien Künstler wurde die gotische Kathedrale erst das Gesamtkunstwerk, als das sie sich heute darstellt: ein geschlossenes Ganzes, in dem Architektur, Bildhauerei, Malerei und viele Kunsthandwerke eine Einheit bilden.

Der Geist der Gotik zeigte sich auch im Grund- und Aufriss. Wobei der alte romanische Grundriss mit Haupt- und Seitenschiffen, großem Querhaus, Chor mit Umgang und Kapellenkranz seine prinzipielle Geltung im Grunde auch für die großen gotischen Kirchenbauten behielt. In ihnen ist jedoch alles wesentlich luftiger und freier gestaltet, denn die Belastung durch dicke und massiv tragende Glieder fiel weg. Im Kranz hinter dem Chor lag eine Kapelle dicht neben der anderen, und von der Mitte des dreizehnten Jahrhunderts ist die der Madonna geweihte Achsenkapelle

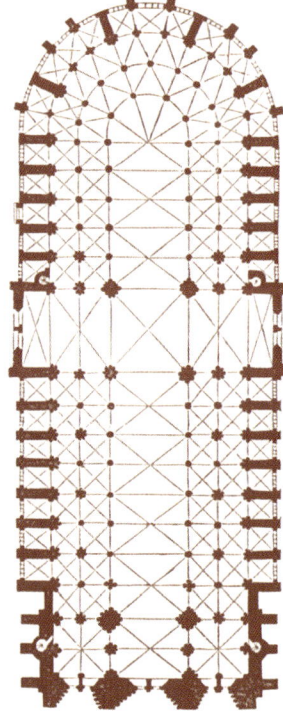
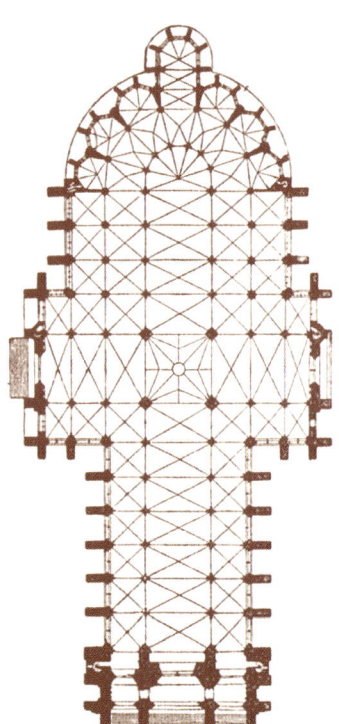

meistens größer als die anderen Kranzkapellen. Aber es wurden auch Kathedralen errichtet, die einen flachen Chorschluss haben oder ein einziges großes Zentralschiff, das im Innern mit Strebemauern abgestützt wurde, zwischen denen man dann Kapellen anlegte. Oder man platzierte sie in den Seitenschiffen. Wozu diese vielen Kapellen, warum diese zahlreichen »Miniaturkirchen« im großen Dom? Sie waren für die Zusammenkünfte kleinerer Gruppen bestimmt, etwa Zünften und Vereinen, oder aber großer Familien. Und sie wurden meistens den Heiligen zugeeignet, die diese besonders verehrten.

Im Allgemeinen sieht der Grundriss auf jeder Seite der Hauptfassade zwei Türme vor, mitunter jedoch zusätzlich auch auf den beiden Seiten des Querhauses zwei weitere. Die Bauausführung geschah mit sorgfältig ausgewähltem Material, die Mauerschichtung im Inneren wurde besonders gut für den Verputz hergerichtet, auf den oftmals falscher Steinschnitt aufgezeichnet und in den sogar falsche Fugen eingeritzt wurden. Das Ganze verlangte größte Genauigkeit in Entwurf und Ausführung; hiervon hingen die Stabilität und die Solidität des Bauwerks entscheidend ab.

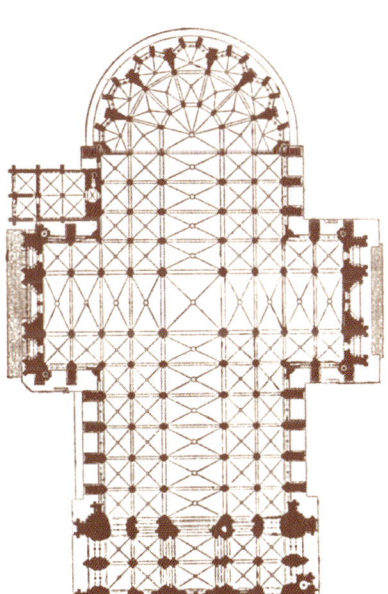

WELTBILD UND WIRKUNG

WELTBILD UND WIRKUNG

Stein gewordener Glaube. Die Kathedrale ist ein großartiges Zeugnis dafür, mit welcher Selbstverständlichkeit die Kirche das gesamte mittelalterliche Leben prägte und durchdrang: Der Stein gewordene Glaube zeigt überdeutlich, wie sehr alles von ihr aus geht, alles auf sie bezogen ist. Sowohl die Kirche als Glaubensgemeinschaft als auch die Kathedrale als Glaubensbauwerk wollen sichtbarer Ausdruck einer göttlichen Weltordnung und eines universalen Heilsplans sein, der sich in der Geschichte der Menschheit erfüllt.

Dabei fühlte sich die Kirche über jede Frage und jeden Zweifel erhaben: Die Überzeugung, dass außerhalb ihrer Mauern kein Heil zu finden sei, war für die mittelalterlichen Christen so selbstverständlich wie das Atmen. Das erste und letzte Ziel war das Heil der Seele, und der Weg dorthin führte zwangsläufig über die Kirche und ihre Sakramente. Von der Wiege bis zum Totengeläut sahen sich die Menschen daher auf den Rat und die Hilfe der Kirche angewiesen, denn nur sie vermittelte und verwaltete die göttliche Gnade. Der magische Zauber der Sakramente, wie er sich im Raum der Kathedrale entfaltete, machte sie zum konkreten und unverzichtbaren Bestandteil jedes einzelnen Lebens, umfasste und heiligte es vom ersten bis zum letzten Atemzug.

Abglanz des Reiches Gottes. Mehr noch als jede andere Manifestation des Glaubens erschließt vor allem die Kathedrale nicht nur suchenden Menschen den Weg zur Seligkeit, sie versteht sich vielmehr als Abglanz des sichtbaren Reiches Gottes in dieser Welt. Alles in ihr ist ganz auf Gott ausgerichtet, bietet eine grandiose Struktur, die jedem seinen Platz innerhalb einer gegliederten Hierarchie zuweist, die von den einfachsten Kreaturen der Schöpfung bis zum Thron des Allerhöchsten reicht. Zwar lässt dieses System durchaus Raum für Weltlichkeit, allerdings nur unter der Voraus-

Die hierarchische Ordnung definiert das Weltgeschehen: Gott mit Aposteln, Evangelisten und Erzengeln.

setzung, dass sie die gegebene Heilsordnung und die Verpflichtung zu christlicher Gemeinschaft anerkennt und sich folglich willig in die Kirche einfügt. Aber insgesamt zog man im Mittelalter jene Frömmigkeit vor, die aus Skepsis gegenüber der Welt gespeist ist, und dementsprechend wurde der Askese große Bedeutung beigemessen.

So versuchte die Kirche auch in ihren Bauten dem mittelalterlichen Menschen ein letztes, ehrgeiziges und zugleich notwendiges Ziel aufzuzwingen: die vollständige geistige Durchdringung der Welt. Der Grund hierfür überstieg jedes Machtstreben und jegliche Herrschaft. Vielmehr löste die Sehnsucht nach einer festen Lebensordnung die einfache, lineare Nachfolge der Apostel, die eschatologische Haltung der Urgemeinde ab. In der festen Überzeugung von ihrer Legitimation durch Gott suchte die Kirche alles Bestehende zu durchdringen; ihr Anspruch auf Weltherrschaft und die Aufgabe, die Menschheit zu erziehen, gingen Hand in Hand.

Die Spannungen zwischen Kaiser und Papst, weltlicher und geistlicher Macht, ziehen sich durch das gesamte Mittelalter.

Abendmahl (oben) und Fronleichnamsprozession (unten) – Jesus und die Hostie in der Monstranz werden ganz bewusst in eine vertikale Linie gesetzt, um deren direkten Zusammenhang zu unterstreichen.

WELTBILD UND WIRKUNG

Im Einklang mit der mittelalterlichen Kultur repräsentiert die Kathedrale den Macht- und Rechtsanspruch der Kirche und setzt in der langen Entwicklung der Kirche einen unübersehbaren Höhepunkt. Aus der kleinen, verlorenen Gemeinde des Urchristentums wurde im Laufe des Mittelalters ein kirchlicher Machtapparat von gewaltigen Ausmaßen, mit detailliert ausgearbeitetem Rechtswesen. Dieser Struktur sucht die Kathedrale in besonderer Weise zu entsprechen: Was zuvor vital und beweglich gewesen ist, wurde nun zu Stein, zu gebautem Sinn. So wie das innere Verhältnis der Christen zu Gott schließlich zum Glaubensbekenntnis wurde, der Brauch zum Ritus, der Glaube zum Dogma. Eine gewisse Rigidität hielt den Gottesstaat, die eine, heilige, allumspannende, katholische *Ekklesia* zusammen. Als eine *Societas perfecta*, eine geschlossene Gesellschaft, trat diese mittelalterliche Kirche, die Geist war und Macht zugleich, unsichtbare Gemeinschaft und sichtbares Reich, dem Menschen gegenüber. Trotzdem konnte sie ihren universalen Geltungsanspruch selbst in den Glanzzeiten ihrer Herrschaft nie vollkommen durchsetzen.

In ihrer überwältigenden Größe und Weite versuchte auch die Kathedrale die Gläubigen zu umspannen und vor sich auf die Knie zu zwingen, selbst die ebenfalls vom Gottesgnadentum durchdrungenen Kaiser. Als Kirche der Bürger steht sie in einer natürlichen Spannung zu klerikalen Machtwünschen, so mächtig sie inmitten der Städte auch emporwächst wie ein überdimensionaler Finger Gottes.

Leidenschaften und Spannungen. Denn alle äußere Macht und Herrlichkeit darf nicht darüber hinwegtäuschen, dass der Organismus der Kirche empfindliche Stellen und sogar Risse und Wunden aufwies. Die mittelalterliche Kirche trug in ihrem Inneren heftige Gegensätze aus – zum Beispiel zwischen Klerus und Ketzern, um es alliterativ zu sagen – und kämpfte zudem gegen mühsam gebän-

Die enge Verbindung der französischen Könige mit der Kirche dokumentieren diese Plastiken an der Kathedrale Notre-Dame de Paris.

digte menschliche Leidenschaften. Den Zwiespalt zwischen dem »natürlichen Menschen« und dem »Gebot christlicher Vervollkommnung« konnte sie nie ganz überwinden, deren Spannung nie völlig ausgleichen. Stattdessen erleichterte sie das Gewissen des Einzelnen durch ein ausgefeiltes System von Bußübungen und sakramentaler Gnade, das in der Kathedrale den großen kultischen Raum fand.

Diese Spannungen in der mittelalterlichen Kultur waren bedingt durch Versäumnisse der geistlichen und weltlichen Stände, durch ihre Gleichgültigkeit gegenüber gesellschaftlichen Gegensätzen, letztlich durch Vorurteile und Verhärtungen. Die Geschichte der Kirche des Mittelalters ist mit Blut geschrieben. Geschäftsinteressen, Staatsraison, Machtstreben, Ständeneid, Eigennutz, Misstrauen, Täuschung und Hass beeinflussten den Alltag der Kirche.

Und stets begleiteten auch massive Gegenströmungen den christlichen Zeitgeist durch seine Geschichte. Ungetrübte Daseinsfreude stand in krassem Gegensatz zum Anspruch der Kirche an den Menschen. Die Spannungen im Dasein des mittelalterlichen Menschen, der Konflikt zwischen dem Ideal asketischer Vergeistigung und der Sinnlichkeit des ekstatischen Lebens wurde nie ganz ausgeglichen und fand zu keinem Gleichgewicht.

Mentalität und Spiritualität des Mittelalters, wie sie sich auch in der Kathedrale als ihrem letzten und mächtigsten Zeichen manifestieren, stellen eine für den modernen Menschen völlig fremde Welt dar, in die einzudringen er viel Verständnis und Geduld braucht. Jeden oberflächlichen Betrachter wird das Ausmaß der Diesseitsverneinung, die uns im beginnenden Mittelalter begegnet, zunächst erschrecken. Doch die frühchristliche Geistesentwicklung ist vor dem Hintergrund der Antike nur zu verständlich: Man versuchte, das Verhältnis des Menschen zum Bereich des Übersinnlichen wiederherzustellen, das angesichts der zügellosen Sinnlichkeit in der Spätzeit des Römischen Reiches zu lange vernachlässigt worden beziehungsweise zugrunde gegangen war. Mit einem Eifer, der bisher nur dem Körperlichen und dem Sinnlichen galt, wandte man sich nun der reinen Seele zu.

Diese Gegenbewegung erklärt die verstörende Fixierung aufs Jenseits, wie sie ja auch in der Kathedrale sichtbar ist. »Du sollst Gott lieben aus all deinen Kräften« – dieses Wort aus dem Evangelium wurde zur einzig gültigen Forderung. Aus dieser Liebe zu dem einen Gott, der selbst die Vollendung der Liebe, Reinheit und Hoheit darstellte, veränderten die Menschen ihre Einstellung zu den Dingen des Lebens.

*Die Trinität: Jesus Christus,
Gottvater, Heiliger Geist*

WELTBILD UND WIRKUNG

Denn dieser großartige religiöse Aufbruch in die Sphäre des Ewigen, den die Kathedrale sozusagen auf die Spitze trieb, konnte nicht ohne Auswirkung auf die kleine und alltägliche Welt des Menschen bleiben. Das Christentum, das die grundsätzliche Gleichheit aller Menschen vor Gott proklamierte, machte die Forderungen des Evangeliums absolut glaubwürdig. Doch das Christentum verband sein Postulat einer allgemeinen menschlichen Würde mit dem höchstmöglichen ethischen Anspruch, dem der Reinheit. Diese Grundsätze verliehen der Kirche die Kraft, schließlich – in der Hochblüte des Mittelalters – zur ersten und höchsten Macht Europas zu werden.

Zur religiösen Signatur der Epoche wurde schließlich die Mystik, nicht nur in der philosophischen Spekulation eines Meister Eckhart oder Johannes Tauler, sondern noch in den filigransten Formen der Frömmigkeit. Sie verband die Welt des Transzendenten mit der des irdischen Lebens. Das Leben selbst wurde jenseitig verklärt durch die ungeheure Kraft einer mystischen Spiritualität, die in ihren letzten Tiefen nichts anderes war als zarteste und zugleich ekstatische Erotik.

Freude am Menschlichen. Gleichzeitig lockerte sich trotz aller Gebote und Verbote die gesellschaftliche wie kirchliche Kontrolle, nicht nur in den Städten des aufstrebenden Bürgertums, sondern gleichermaßen auf dem Land. Die ehemals starre ständische Ordnung löste sich, das Leben wurde gefühlvoller, ungebundener und auch individueller. Die himmelstürmende Gotik fand ihre Entsprechung in der menschlichen Seele, was wiederum das religiöse Leben beeinflusste.

Immer deutlicher und intensiver durchzog eine zarte, eigenartige Erotik, eine leise und bisweilen unbeholfen-rührende Freude am Menschlichen die strenge Spiritualität und Asketik, die den Anfang des Mittelalters beherrscht hatte. Wenn wir die grazilen, vornehmen Gestalten in den Miniaturen alter Gebet- und Stundenbücher und illuminierter Evangelientexte betrachten, erstaunt oftmals die tiefe Menschlichkeit, die der Künstler mit dem intensivsten religiösen Ausdruck zu verbinden wusste.

Innerhalb der Kirchengeschichte folgten auf Phasen der Weltorientierung und des gesteigerten Lebensgenusses immer wieder Zeiten der Askese und des Rückzugs aus der Welt. Ständig sah sich der Mensch des Mittelalters gezwungen, sich sozusagen zwischen Himmel und Erde zu entscheiden: Es wurde ihm geradezu institutionell erschwert, ein inneres Gleichgewicht zu erlangen. Von der Büßergeißel zur Narrenkappe, vom Friedhof zum Tanzhaus war wirklich oft nur ein Schritt. Waren an einem Tag kaum genug Hände da, um die Toten zu begraben, drängten am nächsten die Brautpaare in die Kathedrale.

Wandlungen des Lebensgefühls. Zugleich prägte eine überschaumende Lust an der Schönheit und Ausgelassenheit der Welt die spätmittelalterliche Mentalität. Das mag eine der Ursachen dafür sein, warum der Spätherbst der burgundischen Kultur in so trunkenen, flamboyanten Farben verglühte. Die gottes- und selbstbewusste Kirche und die lärmende Gefolgschaft von *Frau Welt* hatten beide Anteil an den Ausbrüchen hemmungsloser Leidenschaft, der jähen Entladung von Sinnlichkeit und Lebenslust. Die zunehmende Bedeutung der Laienkultur, zunächst der Ritter, später der Bürger, veränderte erneut die Grundstimmung. Mit den Wandlungen des bürgerlichen Lebensgefühls gewann auch die Welt des Glaubens ein anderes Gesicht als bisher in der ausschließlichen Sicht der Kirche.

Eine nie endende Aufgabe ist die Instandhaltung der Kathedrale: Figuren am Kölner Dom, die beiden rechten Figuren sind bereits restauriert und strahlen in neuem Glanz; der Bischof links wartet noch auf seine Säuberung von Schmutz und Abgasen; die Figur rechts von ihm befindet sich in der Restaurationswerkstatt.

Synthese und Sinnganzes. Die Kathedrale ist zum einen Ausdruck der *ordo*, des universalen Ordnungsgedankens, zum anderen auch Spiegelbild der gesellschaftlichen Spannungen und mentalen Wandlungen. Die *ordo* erfordert die harmonische Synthese, das Sinnganze; die gesellschaftlichen Kräfte im Spannungsfeld prägen Bau und Ausstattung der Kathedrale. Auftraggeber, Bauleute, Künstler und Adressaten waren die gleichen; sie gaben der Kathedrale als Gesamtkunstwerk eine einheitliche Konzeption. Baukunst, Bildnerei und Kunsthandwerk ordneten sich einer einzigen, in sich allerdings reich differenzierten Aussage unter.

Man kann also durchaus sagen, dass *ein* Weltbild *eine* Wirkung hervorzurufen beabsichtigte, dass man bemüht war, eine Synthese aus einheitlichen geistigen Grundlagen zu schaffen, die eben nicht für sich stehen, erratisch und enigmatisch, sondern sich öffnen für alle, die sehen und glauben. Wer auch immer an und in der Kathedrale arbeitete, wusste sehr genau, dass das Anliegen nicht nur eine individuelle Schönheit dieses Fensters oder jener Plastik war, sondern dass alle ein gemeinsames Programm verwirklichten: Die *Ecclesia* als Gemeinschaft der Gläubigen mit der Gottheit, den Heiligen und den Seligen sollte zu einer realen Wirklichkeit werden.

Ganzheit und Gegenwärtigkeit. So wirkt die Kathedrale wie ein auf die Erde herabgekommenes Paradies. Ja, man kann sagen, dass sie eine Vorstellung vom Himmel selbst schafft, von der Weite und

Burgen und Könige (unten), Wappen und Bischöfe (Mitte), Werke der
Barmherzigkeit (oben) in einer Gesamtschau

Leuchtkraft des Jenseits, von der Geborgenheit im Ring der Zeit. Die Architektur schließt für diesen Gedanken, dieses Gefühl alle Räume auf, macht die Konstruktion transparent, veranschaulicht die im Bau wirkenden Kräfte. Die Bildwerke, Plastiken und Reliefs haben Volumen, Stofflichkeit und Schwere erhalten, sind körperliche Realität, nicht nur flaches oder blasses Abbild. Das hohe Maß der Natürlichkeit und Individualisierung, wie wir sie an den Plastiken der Portale finden werden, lassen nicht nur die heiligen Gestalten, sondern das Heilige selbst wirklich und gegenwärtig erscheinen. Die Kathedrale bietet den Raum, damit Gott und seine Heiligen auf die Erde herabsteigen und hier lebendig werden können, sichtbar, greifbar, lebbar. In einem einzigen Haus umfängt die Kathedralarchitektur Gott und die Gläubigen, Priester und Laien, Sakralität und Profanität.

Kathedrale in Zagreb, Kroatien

WELTBILD UND WIRKUNG

Kathedrale in Zagreb, Kroatien

Eine spektakuläre Ganzheit also wird hier geschaffen, doch diese Einheit ist nicht ohne Widersprüche. Die Kathedrale selbst ist ja Haus und Gegenüber in einem, sie umfängt den Besucher und bietet ihm gleichzeitig immer neue Schauwerte zum Betrachten und Staunen. Der Raum ist zwar in allen Teilen und Details als Erlebnisraum einheitlich, aber durch den Lettner, der selbst eine Doppelfunktion als Schranke und Bühne hat, ist der Chorraum als eine Art »Kirche in der Kirche« wiederum auch für das Domkapitel, also den Klerus, abgesondert. Hier spielt sich der Ritus, das heilige, das sakrale Geschehen von Kult und Wandlung ab, wie auf einer Bühne, mit den Gläubigen als Zuschauern. Wirklich »zugänglich« ist nur die Halle mit den drei Schiffen, die dem licht- und farbendurchglühten Raum zwischen den Fenstergaden gegenübersteht.

Eine heilig werdende Gemeinschaft. Zwar hat die Kathedrale durch das Gerüstwerk der Strebepfeiler an Monumentalität, an Denkmalhaftigkeit und Rigidität verloren, erhebt aber durch die schlichte Höhe den Anspruch, das Bild der Stadt zu dominieren, ja zu überwölben. Das »heilige Geschehen« scheint zwar unmittelbar gegenwärtig zu sein, soll die Mitte und das Zentrum bilden, wird aber eben »vorn« zelebriert. Die heiligen Gestalten treten in ihrer Körperlichkeit dem Menschen gegenüber, doch sie behalten ihren eigenen Raum, aus dem der Betrachter ausgeschlossen ist. Distanz und Nähe geraten so in ein stetiges Wechselspiel, welches verhindert, dass man sich als Einzelner in diesem riesigen Raum geborgen fühlt. Das Individuum verliert sich in ihm, und das ist durchaus beabsichtigt. Nur in der Menge der Gläubigen entsteht ein gewaltiger Resonanzboden für Kult und Ritus, es entsteht überhaupt etwas Neues: eine summende, flüsternde, betende, singende Gemeinschaft, von Orgelklängen empor getragen, vom Wort des Evangeliums und der Predigt befeuert, von Licht übergossen, mit Brot und Wein gestärkt – ein vitaler Körper, den die

Der auferstandene Christus fährt gen Himmel, wo ihn die Hand Gottvaters erwartet.

Kathedrale umfängt und dem sie ihr unauslöschliches Siegel aufprägt: das Zeichen der Gegenwart Gottes.

Der tiefere Sinn. Die Inschrift auf dem Tor der Abtei von Saint-Denis fasst dieses Weltbild und seinen Niederschlag an und in der Kathedrale programmatisch zusammen: »Wer du immer verlangst, die Pracht der Tore zu rühmen, nicht bewundere den Stein und den Aufwand, sondern die Arbeit. Herrlich glänzt das Werk, doch das Werk, das herrlich erglänzet, möge erhellen die Geister, damit sie, wahrhaft erleuchtet, kommen zum wahren Licht, wo Christus in Wahrheit die Tür ist. Was im Innern ist, zeigt hier die steinerne Pforte. Durch die Material schwingt sich der Geist, der schwache, zur Wahrheit und entwindet dem Irdischen sich, umstrahlt vom Licht.«

Schon Abt Sugerius von Saint-Denis sah in jedem Bauteil einen tieferen Sinn: Die Säulen standen ihm für die Apostel und Propheten, und Christus war der Eck- oder Schlussstein, in dem alle Wände und alle Bahnen zusammentreffen. »Ecclesia materialis significat ecclesiam spiritualem« – die gebaute, die materielle Kirche bedeutet die geistige, eine für das Mittelalter ganz selbstverständliche Überzeugung. Da das Weltbild nicht nur historisch determiniert und real, sondern eben auch geistig, sozusagen spirituell durchdrungen und imprägniert war, suchte man in der Kathedrale seine umfassendste Wirkung zu inszenieren: die Spiritualisierung des Glaubens. Wenn sie auch die Passion Christi und die der Glaubenszeugen vergegenwärtigen wollte, die Gemeinschaft der christlichen Kirche und die Verheißung des Paradieses, königliche Repräsentation und universalen Anspruch zu verbinden suchte, war die Kathedrale nicht nur Symbol des Reiches und der Christenheit, sondern ganz wesentlich auch die Wirkstätte des Geistes.

Santa Maria del Fiore, Florenz: Jesus, Herrscher der Welt, und die Heiligen

Die große Summe. Ein eminenter, weitgesteckter Anspruch. Die Kathedrale als getreues Abbild des gesamten christlichen Weltbildes zur Zeit ihrer Entstehung. Mit architektonischen und künstlerischen Mitteln strebte sie das gleiche an wie die großen »Summen« der scholastischen Theologie. Wie die Scholastiker versuchten, die christlichen Dogmen zu beweisen und auf diese Weise Glauben und Wissen zu vereinen, so wollte die Kathedrale die Geschichten, Gleichnisse und Gestalten des Glaubens anschaulich machen, so dass man nicht nur vor ihnen stehen, sondern mit ihnen leben kann. Auf diese Weise sollte das Transzendente greifbare, lebbare Wirklichkeit werden.

Und hier wird die Symbolik auch immer wieder überstiegen, besser: geerdet. Denn aus der Art, wie in künstlerischer Gestalt die Realität überhöht wird, lässt sich erkennen, welche unmittelbare Bedeutung die Kathedrale im praktischen, alltäglichen Leben hatte. Sie wäre völlig missverstanden, wollte man sie als aus der Zeit gefallen begreifen, sozusagen als ein der Geschichte verhaftetes Monument, das der Gegenwart nichts zu sagen hätte. Das Gegenteil ist der Fall: Was sie zeigt, sind Manifestationen des Gegenwärtigen. Und ob Darstellungen des Weltgerichts oder die Gestalt des weisen Richters und Königs Salomo, die Personifikationen der Tugenden und Laster oder die Hinweise auf die Wunder Christi – alles hat hier unmittelbaren Bezug zur Wirklichkeit, zu dem Geschehen in und vor der Kathedrale.

Und auch die Gegensätze, die Spannungen wurden keineswegs ausgespart: Da man in Dualismen dachte, bildete man sie auch ab – das Gute und das Böse, Himmel und Hölle, die Welt Gottes und die seines Widersachers, das Heilige und das Menschliche sowie das Teuflische und das Dämonische. Bilder des Bösen und Unheimlichen sollten helfen, es abzuwehren, war man doch überzeugt, Dämonen würden gebannt, wenn sie ihr eigenes Bild sehen. Brachte man also ihre Abbilder an der Kathedrale an, so schützte man sie – und sich selbst – vor ihnen.

Vorahnung und Versprechen. Mit der Kathedrale hat das Mittelalter sein eigenes Weltbild gebaut: Sie führt uns die Summe des gesamten Wissens und Glaubens jener Zeit anschaulich vor Augen. Sie ist sichtbares Beispiel unvergänglichen Lebens ebenso wie ein allgemein zugänglicher Ort für jeden Bürger der Stadt. Form und Bedeutung sind untrennbar, ja gelten als eins; das als wahr Geglaubte war auch schön, und das Schöne immer auch wahr. Die Baumeister und Steinmetze, die Zimmerleute, Bildschnitzer und Glasmaler schufen künstlerische Formen und Gestaltungen grundsätzlich als Kommunikation: Sie teilten etwas mit, sie spra-

Allegorie der gotischen Welt

chen etwas Bedeutungsvolles aus, sie bauen mit der Kathedrale zugleich auch ein Modell des Universums. Maß und Zahl, Ordnung und Gesetz lag allem zugrunde, doch schöpferische Phantasie, kreative Freiheit brachte alles in Bewegung.

Wenn wir also heute noch in der Kathedrale einen großen Symbolraum erkennen, so sollten wir nicht vergessen, dass sie kein bloßes Abstraktum oder ein blasser Begriff sein sollte, sondern im wahrsten Sinne des Wortes greifbare Wirklichkeit. Sie war in einem ganz tiefen Sinn ein Lebensort, der in einer von Teufeln und Dämonen bedrohten Welt Schutz gab, der Zuflucht bot vor den Bedrängnissen des Lebens, der ein Ort des Rechts und eine Stätte der Gerichtsbarkeit war. Und der eine Vorahnung des Paradieses bot, ein einziges großes Versprechen, dass das Leben einen Sinn hat, dass das Wunderbare, das Göttliche doch glaubhaft und anschaulich gemacht werden kann. »Und wenn die Welt voll Teufel wär« – die Kathedrale trug den Sieg über sie davon.

Allegorie der gotischen Welt

DIE PFORTEN DES PARADIESES

DIE PFORTEN DES PARADIESES

Das mittelalterliche Denken glühte ganz in der Symbolik und zog aus ihr all seine Kraft: die Kirche als Leib Christi, als Bild des unsichtbaren Reiches Gottes, das himmlische Jerusalem. Denn einer Weltanschauung, die ebenso tief von den in der Kirche ruhenden Wahrheiten wie von der Vergänglichkeit des Irdischen überzeugt ist, drängt sich der symbolische Ausdruck für ein vom Jenseits her durchleuchtetes Dasein von selbst auf.

Die gotische Kunst, für die große Menge der Gläubigen geschaffen, spricht die einfache, mächtige Sprache aller Meisterwerke. Ja, sie ist vor allem ein Geschichtenbuch, überreich an Symbolen und Allegorien, welche die Menschen des Mittelalters noch zu deuten wussten. Sie brauchten keine kunstkundigen Führer, um ihre Kirche zu verstehen. Sie redete zu ihnen in Bildern und weckte den Glauben in purer Schaulust und großartigen Schauwerten: Was es hier zu sehen gab, das gab es auch zu erleben. Ja, jedes Detail sprach hier seine eigene Sprache: War die Kathedrale für den mittelalterlichen Menschen das Sinnbild der Gottesstadt, auf das sich die Liturgie vom Jahresfest der Kirchenweihe bezieht, so sind die beiden Seitenschiffe nach Süden und Norden Sinnbilder des Alten und Neuen Bundes. Die Pfeiler und Säulen stehen für die Propheten und Apostel, auf denen das Gewölbe ruht, dessen Schlussstein Christus selbst ist.

Wie ein großes Bilderbuch präsentierte bereits das überreich gegliederte Portal mit der Vorhalle eine Art Summe aller theologischen Inhalte: Alter und Neuer Bund, Sündenfall und Erlösung, Moses und die Propheten, törichte und kluge Jungfrauen, Maria und die Apostel, Patriarchen und Kirchenväter, Könige und Heilige; *Synagoga* und *Ekklesia* prägten dem frommen Gemüt den ewigen Triumph der Kirche ein. Hier fand sich die Quintessenz dessen, was Kirche den Menschen verkündete und sie lehrte. Mensch-

Auch die Portale der Kathedrale La Seu in Palma de Mallorca, Spanien, weisen wie die meisten gotischen Bauten einen reichen Figurenschmuck auf.

Nordportal der Kathedrale von Chartres, Frankreich

heitsgeschichte und Kirchengeschichte wurden eins. Wer Augen hat zu sehen, dem enthüllt sich in diesem Kosmos steinerner Figuren der letzte Sinn der Welt.

In der figürlichen wie der dekorativen Plastik redet die Welt des Transzendentalen mit den Mitteln einer in solchem Umfang bisher noch nie gesehenen Phantastik. Schon vor dem Kirchenraum empfängt sie uns vielstimmig, kommt sie uns entgegen, schafft sie ihre bleibenden Einzelsymbole, die feierlich zu uns zu sprechen scheinen. Vor allem im Dekorativen hat sich das plastische Empfinden der Gotik mitgeteilt, in dem scheinbar selbstver-

Wie ein Torwächter wirkt die Christus-Figur an der Pforte der Kathedrale von Chartres.

ständlichen, der Funktion Ausdruck gebenden Schmuck der Säulen und Pfeiler, in dem Umflechten der Kapitelle, bis dann eine ganz andere Welt, die der Pflanzen in der Natur, von ihnen Besitz nimmt. Hier wird ein überreiches Bild der Flora lebendig, zunächst in zaghaft zarten, gereihten Einzelformen, dann in ganzen Blattkränzen, bis endlich in Reims üppig wuchernd ein schweres Geranke ganze Flächen überspinnt. Lebendig lassen diese Laubkronen das Bild der Gotik vor uns aufsteigen – das Bild eines Waldes von mächtigen, sich in der Höhe mit ihren Ästen verflechtenden Stämmen.

Uta, Figur der Stifterin im Naumburger Dom, Deutschland: eine der bekanntesten Kathedralplastiken der Gotik und Schönheitsideal ihrer Zeit

DIE PFORTEN DES PARADIESES

Und das ganze Gebäude wird besetzt von einem Reigen himmlischer Wächter; sie sind die Hüter des *Paradieses,* als das Portal und Vorhalle der Kathedrale oft bezeichnet wurden. Vor allem die Frontfassaden und die Portale öffnen sich mit den Gewänden, den Archivolten, den Bogenfeldern, um den ganzen Reichtum des christlichen Bilderkosmos und darüber hinaus die Welt der Legenden wie der Allegorien aufzunehmen. Viele Hunderte, ja oft Tausende von Statuen stehen Parade wie eine Armee. Sie blicken ernst in die Welt, bisweilen innig, selten heiter. Es ist ein stummer Chor, dessen Summen gleichwohl zu vernehmen ist. Feine Gestalten, grimmige Gesichter, heroische Gebärden, graziöse Handbewegungen. Die Stifterin Uta rafft im Westchor des Naumburger Doms ihr Gewand zusammen und blickt mit einem unsagbar schönen, stolzen Gesicht ihren Betrachter an, als wolle sie ihn zugleich abwehren wie auch mit ihrer Schönheit in Bann ziehen.

Erst die Gotik schafft mit diesen Myriaden von Figuren an jeder Kathedrale ein Lexikon, eine Enzyklopädie christlicher Zeugen – im Spiegel der Natur, der Wissenschaft, der Moral, der Geschichte – die vier *Specula.* Die ganze Welt des Alten und Neuen Bundes, die Evangelien bis hin zu den Vorstellungen der Apokalypse, die Heiligenleben und die profanen Gestalten spiegelt sich in der Kathedralplastik. Chöre von Figuren des Alten und des Neuen Testaments wie der Heiligenviten treten auf, steinern verewigt an den Portalen. Gerade in dem Übergang zur lebensgroßen Statue, die sich in einem langsamen Prozess von der Wand, mit der sie verwachsen war, von der Säule, an der sie haftete, loslöste, um endlich frei stehend ihre ganze Sicherheit und Beweglichkeit zu finden, erfüllte sich die säkulare Mission der frühgotischen Plastik.

Figuren an der Fassade der Kathedrale von Chartres, Frankreich

Das Königsportal aus dem Herzen Frankreichs, das *Portail Royal* von Chartres, überstrahlt alles, was sonst in dieser Zeit in der Landschaft zwischen Seine und Loire geschaffen wurde. Für eine Besichtigung des Königsportals aus der Zeit zwischen 1145 und 1150 eignet sich am besten der Nachmittag: Die Schatten zeigen dann mehr Tiefe, und die hellgelbe und ockerfarbene Patina des Steins tritt besser hervor.

Das Portal ist ein Meisterwerk der romanischen Bildhauerkunst, die hier vor ihrem Ende großartige Figuren schuf, welche schon die beginnende Gotik ankündigen.

Es ist eine Armada von »Säulenheiligen«, feierliche Statuen als Rahmen der drei Portale, die mit der Architektur zu einer Einheit verschmelzen. Niemand weiß, wen sie darstellen, denn ihre Namen sind verwittert. Am rechten Gewände des Mittelportals zwischen den Königen David und Salomo vermutet man die Königin von Saba, am linken Portal Moses mit der Gesetzestafel. Überwiegend verkörpern sie wohl alle die wichtigsten Gestalten der Bibel. Sie fassen die religiöse Geschichte der Menschheit zusammen und kündigen Christus an. Überlebensgroß und von kunstvollen kleinen Säulen im Hintergrund umrahmt, stehen die Figuren auf mit geometrischen Verzierungen geschmückten Sockeln. Ihre langgestreckten Gestalten, die

Hunderte, ja Tausende von Figuren bevölkern die Portale der Kathedrale von Chartres, Frankreich – ein gewaltiges Panorama von Aposteln, Evangelisten Heiligen, Herrschern, Kirchenlehrern, Bischöfen, Stiftern und Äbten …

an den Körper geschmiegten Arme, alle in gleicher Gebärde, die feinen Falten der Gewänder und die langen Zöpfe der Frauen betonen die Vertikale. Hoheitsvoll schauen die einprägsamen zeitlosen Figuren geradeaus, erhaben in ihrer ganzen Haltung.

Oberhalb dieser großen biblischen Gestalten erzählen Kapitelle in einem mit kleineren Figuren belebten Fries die Biographie Christi. Ganz in der Gedankenwelt des Mittelalters kündigen die Säulenstatuen das Alte Testament, die Kapitelle das Evangelium des Neuen Testaments an. Einige davon sind leider verwittert.

Am rechten Portal erscheint majestätisch die Madonna. Die Tympana über den drei Portalen illustrieren die Heilsgeschichte. Rechts wird die Ankündigung Gottes veranschaulicht: »Denn ich bin vom Himmel herabgekommen, nicht um meinen Willen zu tun, sondern den Willen dessen, der mich gesandt hat« (Johannes 6,38). Auf dem ersten Türsturz sind Verkündigung, Heimsuchung, Geburt Christi und die Hirten auf dem Feld gemeißelt; darüber folgt die Darstellung Jesu im Tempel. Ganz oben bietet die zwischen Engeln thronende himmlische Königin lächelnd ihr Kind der Welt dar. Sie entspricht ganz in der Art romanischer Figuren der feierlich-steif sitzenden Madonna, die man früher in der Krypta verehrte. Nun hat sie den Weg aus dem mysteriösen Dunkel der Unterkirche ins helle Licht des zentralen Eingangs geschafft.

Es kann hier nun nicht darum gehen, sämtliche Figuren am Königsportal zu Chartres zu erwähnen, zu entschlüsseln und zuzuordnen. Jedes Kathedralenportal hat seine eigene Bühne für den Auftritt der wichtigsten Repräsentanten des Christentums. Wichtig ist jedoch, dass in Chartres zum ersten Mal die Dreizahl der enggedrängten Portale zu einer wirklichen, rhythmischen Einheit zusammengefasst wurde: Die an die Säulen und den Hintergrund gebundenen lebensgroßen Figuren ziehen in einem durchlaufenden Reigen über die drei Portalgewände einschließlich der sie verbindenden Fassadenstreifen hinweg. Einheitlich bietet sich das ikonographische Programm dar, aufgebaut nach einer großen christologischen Gesamtkonzeption. Romanisch noch war der Stil der imposanten, langgestreckten, starren, fast unbewegten Figuren, die wie aus einem fremden Reich gekommen scheinen, sich aus den engen Grenzen des Steins mit keiner Bewegung herauswagen, die geschmückten Gewänder mit ihren Falten in feinen Rillen und Riffelungen, ornamentalen Gesetzen folgend, gestrichelt, die wunderbaren Köpfe eine unerschütterliche Ruhe ausstrahlend.

Dieser Bilderreichtum der imponierenden Großplastik spricht das Auge direkt an, ihre Fülle überwältigt es. Schwer fällt es, eine einzelne Figur in den Blick zu nehmen, der über diese unendlichen Reihen hinweggleitet wie in einer wischenden Bewegung.

DAS GOLDENE TOR

Gleich drei Bauwerke von teils monumentalen Ausmaßen drängen sich auf dem nicht übermäßig großen Domplatz von Florenz: der Dom, der Glockenturm und eine Taufkapelle. Wann das kleinste von ihnen, das achteckige Baptisterium – eines der ältesten architektonischen Monumente von Florenz – genau erbaut wurde, lässt sich heute nicht mehr feststellen. Vermutlich reichen die Ursprünge dieser Taufkapelle bis ins fünfte Jahrhundert zurück, und wenn die Florentiner Überlieferung recht hat, gab es an dieser Stelle sogar schon einen römischen Tempel zu Ehren des Kriegsgottes Mars, der dann zu einer Kirche »umfunktioniert« wurde.

Das stark geometrische Aussehen des Baptisteriums, das sich in der Ornamentik in weiß-grün gestreiftem Marmor aus Prato fortsetzt, lässt an eine geglückte Kombination zwischen romanischer und urchristlicher Architektur zwischen dem elften und dreizehnten Jahrhundert denken. Jede der acht Seiten ist in je drei mal drei Flächen gegliedert, doch nicht vor allem seine ungewöhnliche Form sicherte dem Baptisterium Ruhm, sondern seine drei hohen Bronzeportale, die alle mit Skulpturen und Reliefs geschmückt sind und zu den bedeutendsten Kunstwerken der Toskana gehören.

Das Südportal hat Andrea Pisano zwischen 1330 und 1336 in teilweise vergoldeter Bronze mit Szenen aus dem Leben Johannes des Täufers – des Schutzheiligen von Florenz – ausgestattet (Dante Alighieri

Santa Maria del Fiore, der Dom zu Florenz, Italien, ist – bezogen auf die Länge des Längsschiffes – nach dem Petersdom in Rom, Saint Paul's Cathedral in London und dem Mailänder Dom die viertgrößte Kirche in Europa. Charakteristischstes Merkmal: die von Filippo Brunelleschi konstruierte und erbaute ebenso mächtige wie prächtige Kuppel, außen mit der Laterne mehr als 114 Meter hoch.

nannte das Bauwerk seinen »Bel San Giovanni«), während die Portale im Norden und Osten von Lorenzo Ghiberti stammen, der fast sein ganzes Leben mit diesen beiden Werken zugebracht hat: Das Nordportal entstand zwischen 1403 und 1424, das Ostportal zwischen 1425 und 1452. Die Maße sind mit heutigen Türen nicht zu vergleichen: Die Höhe beträgt 5 Meter, 21 Zentimeter, die Breite 3 Meter, 21 Zentimeter – so hoch wie zwei Stockwerke eines Wohnhauses. Jedes einzelne Relief ist 80 mal 80 Zentimeter groß und wird umrahmt von weiteren einzeln dargestellten Personen, die einen Schmuckrahmen abgeben.

Vor allem das Ostportal mit seinen Szenen aus dem Alten Testament fand schon die einhellige Bewunderung der Zeitgenossen: Michelangelo Buonarotti bezeichnete es als »Pforte zum Paradies« – das Portal sei so schön, dass es sogar zum Paradies führen könne. Und dieser Name *del Paradiso* (Paradiestür) hat sich bis heute erhalten.

Dieses spätgotische Glanzstück, das rhythmische Eleganz mit klassischen Harmonien verbindet, befindet sich heute allerdings nach seiner Restaurierung im Museo dell' Opera del Duomo (Dommuseum); am Baptisterium sind von allen Portalen nur Kopien zu sehen.

Am Südportal stellen die zwei unteren Reihen die Tugenden dar (auf dem Bild links befindet sich übrigens die Bescheidenheit), am Nordportal wurden Szenen aus dem Neuen Testament über die vier Evangelisten und vier Kirchenväter gestellt. So bieten auch diese drei Portale ein biblisches Bilderbuch, dessen vergoldete Platten wie Buchseiten wirken, durch die der Blick spazierengeht.

Auch im Inneren des Baptisteriums werden die Blicke gefesselt von den großartigen Mosaiken der Kuppel, von einem dort dargestellten monumentalen Christus beim Jüngsten Gericht, von einer kreisförmig angeordneten Engelshierarchie, von Szenen aus der Genesis, aus den Lebensgeschichten von Joseph, dann von Maria und Jesus und schließlich am äußersten Rand von Johannes dem Täufer. Granitsäulen und Marmorpilaster verstärken den Eindruck, sich in einem Tempel zu befinden, während man beim Blick auf den orientalisch ornamentierten Boden das Gefühl hat, in einer Moschee zu stehen. Grabmäler, Skulpturen, Altäre – alles ist hier dichtgedrängt, als solle man in einer Art Zeitreise durch die Orte, Religionen und Epochen der Geschichte reisen. Doch alles beginnt mit einem Schritt durch das goldene Tor.

Christologische Konzeption des Tympanons am Eingang der Kathedrale von Chartres, Frankreich: Jesus Christus steht im Zentrum der um ihn gruppierten Figuren, wie er im Zentrum des Glaubens steht.

DIE PFORTEN DES PARADIESES

Eine neue Bildhauerschule betätigt sich dann in Chartres an den Nord- und Südportalen, die sowohl vom Umfang wie vom Reichtum her die bedeutendsten Seitenportale ihres Jahrhunderts sind. Ein Feuer hatte im Juni 1194 die ehrwürdige romanische Kathedrale völlig zerstört, nur die Krypta, die Türme, der untere Teil der Westfassade blieb erhalten. Sofort begann, unter der begeisterten Beteiligung der ganzen Bevölkerung, der Wiederaufbau. Eine neue Bauhütte wurde eingerichtet, Steinmetze und Bildhauer strömten zusammen. Noch lebte in Chartres die Tradition des Königsportals, doch jetzt entwickelte sich auch in der Plastik eine neue, großartige Stilsprache, die sich bis nach Paris und Amiens auswirkte.

Der Begriff »Säulenheiliger« für eine unbeweglich stehende Figur hat im Mittelalter – wie hier in Chartres – eine besonders augenfällige Bedeutung erhalten.

Rasch hintereinander wurden die Fronten der Querschiffe in ihrer Architektur und auch schon in ihrem plastischen Schmuck aufgerichtet. Mit den Portalen des nördlichen Querschiffs wurde begonnen, mit der Südfront etwas später, der neue Stil begann sich herauszukristallisieren. Nach der Symbolik des Mittelalters bildet das Alte Testament – also die religiöse Geschichte der Menschheit von der Schöpfung an bis zu Christus – die Grundidee der Nordseite mit ihrem Schatten und ihrer Nacht. Unmöglich, jede einzelne der ungefähr siebenhundert Statuen allein dieses Portals zu beschreiben. Außer der Schöpfungsgeschichte finden sich hier auch Darstellungen des aktiven und des kontemplativen Lebens sowie die Arbeiten der einzelnen Monate.

Waren in der romanischen Plastik die Figuren oft noch steif, streng und unpersönlich, öffnen sich in der Gotik ihre Gesichter und Bewegungen.

Das Südportal mit seinem strahlenden Licht hingegen bleibt dem Neuen Testament vorbehalten. Wie Christus sagt: »Ich bin das Licht der Welt.« Dieses Programm wurde von den Bildhauern in großartiger Weise verwirklicht. Weitaus eindringlicher als alle wichtigen theologischen Werke sucht der Glaube hier durch Bilder zu überzeugen.

Im Tympanon des mittleren Nordportals herrscht das Thema die Verherrlichung der Madonna, im Tympanon des mittleren Südportals das Thema des Jüngsten Gerichts. Die Vorläufer Christi, Propheten und Erzväter an der Nordtür und die Apostelfolge am Südportal haben in der Einförmigkeit ihrer Erscheinung noch etwas Strenges. Sie stehen in einer betont abweisenden Geschlossenheit und Unbeweglichkeit vor uns. Ein Jahrzehnt später wuchsen an den beiden Vorhallen im Süden und im Norden ganz andere Statuen: Die Bindung löste sich äußerlich wie innerlich; die Figur wurde von ihrem Hintergrund der Wand oder der tragenden Säule befreit, jegliche scheue Verkrampfung abgelegt. Gleichsam frei gruppieren, ja bewegen sich um die Säulen der Vorhalle Figuren von alttestamentarischen Gestalten und

Notre-Dame de Paris, Frankreich, wartet mit einer im Mittelalter beliebten Allegorie auf: Adam gibt Eva den Apfel, die Schlange ist eine verführerische Frau, die weibliche Personifizierung der Sünde.

von Heiligen. Sie wirken neu, jünger, rhythmischer, körperlicher; ihre Gewänder fließen nun fein und weich um den Körper und betonen ihn in seiner schlanken Schönheit.

War die Plastik des älteren, strengen Stils eine herb männliche gewesen, die konsequent auch fast nur Männergestalten geschaffen hatte, treten jetzt – mit sichtlicher Liebe behandelt – weibliche Gestalten und weibliche Typen hinzu. Leise bereitet sich gegenüber dem bisherigen Nur-für-sich-sein ein Blick zur Nachbarfigur,

Weibliche Figuren sind selten in Chartres, wenn sie nicht die Madonna darstellen, sondern – wie hier – eine weltliche Frau.

ein schüchterner Dialog vor. Die Themen – Verkündigung und Heimsuchung – bieten Folien für Szenen, die nun eine bestimmte Dramaturgie, eine gewisse Emotionalität erkennen lassen. Zum ersten Mal in der gotischen Kunst unterhalten sich die einander zugewandten Personen und reichen sich die Hände. Engel betrachten wohlwollend die himmlischen Szenen, singen in Chören, blasen Posaunen zur Auferstehung der Toten, die unten, noch halb in ihre Leichentücher gehüllt, aus ihren Gräbern steigen.

Die neuen Schmuckformen der Sockel und Kapitelle der Säulen, an denen die großen Statuen lehnen, sind direkt der Flora dieser Landschaft entnommen: Blätter und Blumen der Wälder und Wiesen, ganz verschieden vom romanischen Schmuck des Königsportals, das sechzig Jahre älter ist.

Ihren Höhepunkt findet diese von Chartres ausgehende Kunst in den Straßburger Plastiken der *Ecclesia* und der *Synagoga*. Sie »do-

Porta coeli – Pforte des Himmels

kumentieren die Modifikation der erotischen Vorstellungen: Unbeschreiblich anmutig trägt die *Synagoga* das Leid ihrer Verdammtheit und zeigt dabei eine Haltung, die in jedem Mann Beschützerinstinkte weckt. Sie verkörpert den vollkommenen Typus der schutzbedürftigen Geliebten, wie der Mann sie sich wünscht. Wie viel wärmer und menschlicher wirkt diese Statue daher als die sieghafte *Ekklesia*, die zwar ebenso wohlgestaltet, aber unpersönlich und austauschbar ist« (Alexander Ballhaus).

Wir betreten die Kathedrale durch das Hauptportal, den Eingang zum Paradies. Christus selbst empfängt den Besucher, umgeben von der Madonna, seinen Jüngern und den Heiligen; er geleitet uns in seine Kirche, unter dem Schmuck all der bemalten und vergoldeten Figuren und Reliefs, über den prächtigen bronzenen Türflügeln thronend. Die Tore sind überhoch, man spaziert da nicht einfach hinein, sondern bekommt sogleich ein Gefühl der Ehrfurcht, legt man demütig die Hand auf die reich verzierte Bronzeklinke und drückt man vorsichtig und mit einiger Anstrengung die schwere Tür auf.

Sogleich richtet sich der Blick nach oben: Das unglaubliche Raumgefühl nimmt als erstes gefangen, diese Höhe und Weite. Es ist fast unmöglich, sich dem Zentrum der Kathedrale, dem Chorraum mit dem Hochaltar, mit zielstrebigen Schritten zu nähern. Man schreitet, setzt Fuß vor Fuß, und unwillkürlich gleitet der Blick an den schwindelerregend hohen Säulen empor, die sich in einem Gewölbe mit anderen Säulen kreuzen. Und schon dieses Gewölbe ist prächtig – ein rauschender Wald von Baumwipfeln, der die Seele sofort in die Höhe zieht. Niemand geht gesenkten Blickes durch eine Kathedrale, immer wieder laufen die Blicke in die Höhe, als würden sie von oben magisch angezogen. Die Aufwärtsbewegung der schönen Linien wird nur unterbrochen von den kostbaren bunten Fenstern, deren Glas wie Edelsteine funkelt; von dort fließt warmes Licht in den Raum und verleiht ihm – je nach Tageszeit und Witterung – eine geheimnisvolle, dunkle oder eine lebendige, fast heitere Stimmung, die im Wechsel von Licht und Schatten dem ganzen Gebäude ihren Rhythmus mitteilt.

So hebt diese gewaltige Kirche aus Stein das Gemüt, befreit es von der Erdenschwere. Dieser sich öffnende Raum ist ein Gleichnis der Raumlosigkeit, in der das Geheimnis der kultischen Verzauberung geschieht. Alles ist darauf ausgerichtet, diese Symbolik zu entschlüsseln. Die Ausrichtung der gotischen Kathedrale nach Osten zeigt, von wo die Erlösung erwartet wurde: *Ex oriente lux*. Der Altar und alle Gegenstände dienen neben ihrer primären Funktion der sinnbildlichen Auslegung der Heilsgeschichte. Dies gilt für den Vorhang zum Allerheiligsten, die Leuchter und Evangelienbücher oder das Weihrauchgewölk: Das Symbolbedürfnis des Mittelalters provozierte Bildhaftigkeit und Anschaulichkeit. Und wie gebannt stehen wir in dieser großen Kirche, umfangen von einem Geheimnis, das wir vielleicht nicht sofort verstehen, auf jeden Fall aber spüren: eine Urerinnerung an das Paradies – die Vision vom Reich Gottes.

*Chartres im Farbschmuck und Lichterglanz
des Lumière-Festivals*

GROTESKE GESTALTEN

Groteske Gestalten treiben an den Außenmauern und Türmen sowie auf den Dächern der Kathedralen ihr Unwesen: grässliche Hunde, unheimliche Fabelwesen wie aus dem Fantasyfilm, verzerrte Fratzen – ein Gruselkabinett. Das große Bilderbuch, das sich an den Wänden der Kathedralen öffnet, zeigt nicht nur Myriaden von Engeln, Heiligen, Kirchenlehrern und Propheten, sondern hat durchaus auch ein paar Schreckgestalten und Obszönitäten aufzuweisen. All ihren Stein gewordenen Heiligen und Bekennern, allen Märtyrern und Kirchenvätern setzte etwa die Kathedrale von Reims ein wahres Pandämonium von unheimlichen Fratzen und Gesichtern aus den Nachtgründen der Natur entgegen. Dunkle und quälende Gefühle wurden in Stein gehauen; wunderliche Gestalten aus dem Tier- und Menschenreich bevölkern die Dachränder und Mauerbrüstungen, Fenster und Nischen und machen sich über den Teufel und seine Gesellen lustig. Hier zeigte sich das Tier im Menschen, die Erregung und Unberechenbarkeit der Sinne. Aus der Tiefe der Verzweiflung stiegen Dumpfheit und Schwermut herauf, Lachen verkehrte sich in Entsetzen und Grauen. Aus den Gesichtern sprach ungestillte Leidenschaft, und der überirdischen Welt der Erlösten und zum Heil Berufenen wurde eine heimliche Freude und trotzige Bejahung der Sündhaftigkeit und Verdammnis gegenübergestellt.

Die Kirche konnte den grimmigen Humor der Steinmetze, die das Äußere ihres Gotteshauses mit absonderlichen Figuren, mit Teufelsfratzen, Tieren, Schelmereien und mal düsteren, mal heiteren Anspielungen aller Art versahen, nicht ganz unterdrücken. So machten sich Übermut und Laune

auch im Inneren der Kirchen breit, an Säulen, Chorgestühl, fast bis zum Altar, wurde die gotische Erhabenheit mit grotesken Elementen ergänzt, bisweilen auch konterkariert. Wobei auch sittliche Unzulänglichkeiten ein verbreitetes satirisches Motiv mittelalterlicher Kirchenskulpturen waren.

Gargoyles (französisch: Gargouilles) werden die Wasserspeier genannt, die das gesammelte Regenwasser der Traufen in hohem Bogen von sich geben und es so daran hindern, in Mauerwerk und Fundament einzudringen. Das Wort ist verwandt mit dem deutschen *gurgeln*. Bereits in der Romanik, vor allem aber in der Gotik und Renaissance brachte man häufig dämonische Gestalten oder Tiere an, die den Einfluß des Teufels auf die irdische Welt sym‐

bolisieren und deshalb im Kontrast zur Reinheit des Himmelsreiches – das Innere der Kirche – stehen. Die Gargoyles haben aber auch die Funktion, die Kirche vor bösen Mächten zu schützen: Ihr dämonisches Aussehen hält den Geistern und Dämonen einen Spiegel vor, soll sie vergraulen. Häufig haben sie Schwingen, mit denen sie aber laut Mythologie nicht fliegen, sondern nur gleiten können.

Die bizarren, schrecklichen und manchmal grotesken tierischen Formen der früh- und hochgotischen Wasserspeier – zum Beispiel an den Kathedralen von Laon und Paris – wurden ab dem dreizehnten Jahrhundert zunehmend durch menschenähnliche Gestalten abgelöst, die im fünfzehnten Jahrhundert schließlich auch ihren erschreckenden, alptraumhaften Ausdruck verloren.

MYSTIK UND MAGIE

MYSTIK UND MAGIE

Was ist Mystik? Dass die Kathedrale ein »mystischer Ort« ist, wird auf die eine oder andere Weise jede Besucherin, jeder Besucher erleben. Sie hat etwas Konzentrierendes, die Mitte Ansprechendes, was man kaum je näher definieren könnte, was sich nur erschließt, indem man sich hingibt: dieser eigenartig wirkenden, sammelnden Kraft.

Ohne es genau bezeichnen zu können, spüren wir in der Kathedrale etwas Energetisches. Wir wollen es »Mystik« nennen, wohl wissend, dass oft gerade mit diesem Begriff etwas bezeichnet wird, was nur diffus gemeint und unbeholfen umschrieben werden kann. »Mystik« als Begriff, als Etikett scheint ja heute auf alles Mögliche zu passen, was dem modernen Zeitgenossen irgendwie unerklärlich geblieben ist. »Das hört sich mystisch an« ist eine gängige Redewendung in der Alltagssprache – und man assoziiert mit »mystisch« sofort verworren, dunkel, mysteriös, verstiegen.

Mystik kommt vom griechischen *myein* = sich schließen, die Augen schließen, nach innen schauen. Sie ist der übergreifende Begriff für die unstillbare Sehnsucht des Menschen nach Gott, nach der Berührung der Gottheit. Das Ziel des Mystikers und der Mystikerin ist die erfahrbare Kommunikation mit dem Göttlichen, bis hin zu der als »Vereinigung« *(Unio mystica)* erlebten Nähe mit dem transzendenten Grund allen Lebens.

Gelebte Mystik besteht im Wesentlichen aus Methoden und Praktiken, die das Bewusstsein erweitern (Meditation, Kontemplation, Askese, Traum, Vision, Ekstase) sowie in einem bewusst eingeschlagenen Weg nach innen. Dabei ist die Mystik alles andere als der absonderliche Seitenweg der Religion, als die sie uns heute erscheinen mag. Sie bezeichnet eine Form spiritueller Erfahrung, eine Kunst des spirituellen Lebens. Die auffallenden, außeralltäglichen Phänomene – also die Offenbarungen, Visionen, Übungen der Askese und Meditation, Ekstasen – haben die Mystikerinnen und Mystiker letztlich für unwesentlich gehalten; es sind bloß

In mystisches Halbdunkel gehüllt, mystische Erfahrungen eröffnend

äußere Erscheinungsformen eines viel tieferen mystischen Lebens. Auch in der Kathedrale lässt sich mystische Erfahrung nicht hervorrufen oder durch bestimmte Techniken herbeizwingen. Doch man kann sich auf sie vorbereiten, die inneren Voraussetzungen schaffen: im Loslassen, in der Abgeschiedenheit und in der Aufgabe der Eigenheit.

Hinter den verschiedenen Ausdrucksformen der Mystik steckt auch eine nicht auf den ersten Blick ins Auge springende Gemeinsamkeit: eine oftmals unbegriffene Sehnsucht nach dem tragenden, bergenden Grund, nach einem unanschaulichen Sinnganzen. Mystik artikuliert die Sehnsucht nach dem Ganzen und Einen, sie versammelt die Wünsche des Menschen nach Beheimatung. Darum gilt sie als ein letztlich verzweifelter Versuch des Menschen, im unendlichen Schweigen kosmischer Weiten den Klang der Übereinstimmung mit dem Göttlichen taumelnd und irrend, hoffend und vertrauend zu suchen.

Der Engel als Begleiter auf dem mystischen Weg
zu Gott

MYSTIK UND MAGIE

Das Kraft des Gebets. Im Gebet ist beides in einem eigenartigen Zusammenklang: das Sprechen und das Schweigen. Schon wer seine Hände faltet, sich niederkniet, sich im Kreuzzeichen das Signum seines Lebens vergegenwärtigt, seinen Kopf in die Hände stützt, schon wer schweigt und dadurch mit dem spricht, für den er kein Wort, keinen Namen findet und der ihn trotzdem spürbar in seiner Hand hält, findet Zuspruch, Ermutigung und den Ruf zum Leben.

Beten kann nichts anderes sein als ein Suchen des Gebets, das Gott selbst in den Menschen gesprochen hat. Erst wenn eigenmächtiges Reden ein Ende findet, die Erkenntnis weitergeht und man schweigen lernt vor dem Geheimnis, ist Raum für die Sprache Gottes, die beim Namen ruft.

Wer betet, der erlebt, das etwas in ihm aufgebrochen wird, von dem er weiß: Ich findet eine Antwort auf die Frage, wem ich mein Leben anbestimme, woran ich mein Herz hänge, was ich Gott und der Welt und auch mir selbst verspreche.

Die Erfahrung Gottes im durchlässigen Ich. Im Verständnis der Mystik ist das Leben eine Schule. Und die Mystik vermittelt die praktische Lehre, die den Menschen vor einem Rückfall oder einem Stillstand des Lebens bewahren soll. Vor allem gibt sie dem Menschen das »Erkenne dich selbst«. Im Erkennen lernt der Mensch das Ich als ein äußeres und ein inneres Ich kennen. Das äußere Ich erscheint als die Maske des inneren; wir nennen es Person, Persönlichkeit, denn *persona* heißt Maske. Durch die Maske, die Persönlichkeit, soll das innere Ich hindurchtönen (*personare* = durchtönen). Das innere Ich, das von der

Person umschlossen ist, nennen wir Individualität, das Unteilbare im Menschen, also das, durch das er eins ist mit der Einheit. Um die Begegnung mit dieser Einheit geht es der Mystik.

In der Kathedrale als »großem Kultraum« wirken besondere mystische Kräfte. Die Symbolik der Höhe und Weite, des Lichts und der Farben übt eine unterschwellige, mit rationalen Kriterien nicht fassbare Wirkung aus. Das Ich wird durchlässig, wenn es sich diesen Kräften und ihren Wirkungen öffnet. Es legt seine Verpanzerung ab, um Gott durch sich hindurchfließen zu lassen. Es spürt mit jedem Blick in die Höhe, dass es selbst nur ein Staubkorn in

Das Labyrinth ist ein altes mystisches Symbol. Hier die Zeichnung des Labyrinths der Kathedrale von Reims, Frankreich.

In der Kathedrale von Chartres, Frankreich, ist das Labyrinth in den Fußboden eingelassen.

der Wüste ist. Es zwingt zur Demut, zur Relativierung alltäglicher Wichtigkeiten. Niemand fühlt sich groß und mächtig in der Kathedrale, jeder fühlt sich klein und bescheiden.

Und genau dies ist eine großartige, weil mystische Erfahrung. Denn in nur wenigen Minuten kann hier etwas geschehen, was zwar an die lebenslängliche, oft monastische Beschäftigung mit der Mystik keinesfalls heranreicht, was jedoch *in nuce,* im Kern auf dasselbe hinausläuft: Man kann auch beim Gehen durch die Kathedrale, beim Sitzen in der Bank, beim Schauen und Staunen, beim Knien und Beten vor den Altären und Statuen anfanghaft diesen Weg zur Mitte, zur Verinnerlichung beginnen.

Wenn in der *Unio mystica* der innere Mensch bewusst geworden ist, die Verbindung mit der Einheit erfahren wird, oder wenn – um es mit einem Bild zu sagen – Gott im Menschen geboren ist, dann ist die Person keine Verkleidung mehr, sondern ein irdisches Kleid, das sich das innere Ich angelegt hat, um auch seinem äußeren Leben eine Gestalt zu geben. Dann wird Christus in ihm geboren, wird Gott wiedergeboren in ihm. Aber zuvor muss er sterben. Das hört sich bitter an, und das ist es auch. Der Weg der Mystik ist hart, der Aufstieg der Seele erfolgt in mehreren Stufen: Reinigung und Läuterung, Erleuchtung, Vereinigung.

Sagrada Familia, Barcelona, Spanien

Via purgitiva. Die Reinigung beginnt mit einer Art »mystischem Tod«: Man kapselt sich von der Welt ab, man überprüft sein Denken, Fühlen und Handeln, wirft unnötigen Ballast ab. Man erkennt seine Irrtümer, seine Fehler und Schwächen. Die Reinigung geschieht dann, wenn der Mensch aufhört, falsch zu denken, zu fühlen und zu handeln – falsch, das heißt lieblos. Die Kathedrale konzentriert ihn auf das, was ihn unbedingt berühren und ergreifen will. Er öffnet sich für die Ströme des Lebendigen, die durch seine Seele ziehen. Er sammelt seine verstreuten Sinne, lenkt sie auf das Eine, konzentriert sie auf die Mitte, den Brennpunkt aller Kräfte.

Suchen wir aus diesem Grund eher die stillen Winkel, die ruhigen Stunden in der Kathedrale auf. Mitten im Touristenstrom und

im Grundrauschen der oft Hunderte von Besuchern wird das nicht gelingen. Nur in der Stille kann die Aufmerksamkeit von der Außenwelt abgewendet werden, können die Sinne gesammelt und die im Inneren wirbelnden Gefühle und Vorstellungen allmählich beruhigt werden. Die konzentrierte Loslösung von der äußeren Welt und die Unterbindung der ungestümen Affekte und Begierden bewirken schließlich ein tiefes Gefühl der inneren Freiheit, erzeugen eine nachhaltige, von sanfter Lust gesättigte Stimmung.

Die *Via purgitiva,* der Weg der Reinigung beginnt also mit einer gewissen Loslösung von der Welt, mit einer »Wendung nach innen«, die jedoch alles andere ist als Selbstbespiegelung. Im Gegenteil: Es geht um die Loslösung vom eigenen Ich, um die Einübung in Affekt- und Begierdelosigkeit: Nach und nach verschwinden die Spannungen des Willens, der diskursiven Denktätigkeit, der konkreten Phantasievorstellungen. Die Seele des mystischen Menschen wird still, vollkommen ruhig und begierdelos, erfüllt von einer nie geahnten Klarheit. Die großen Mystiker – Meister Eckhart, David von Augsburg, Johannes vom Kreuz, Teresa von Avila – sie alle haben diesen Zustand der Versunkenheit schlicht »Ruhe« genannt: »Die Seele ruht tief befriedigt in Gott« (Teresa).

Via Illuminativa. Dann ist der Raum für die Erleuchtung bereitet. Man kann sie nicht herbeizwingen, durch meditative Übungen und asketische Techniken. Sie ereignet sich – oder nicht. Gott kommt in die Seele des Menschen und vollbringt dort das Wunder der Menschwerdung: Die Seele wird vom »göttlichen Funken« *(scintilla animae)* entzündet und erkennt ihre eigentliche Bestimmung. Man fühlt sich ganz bewusst, ganz erleuchtet von einem unnennbaren Licht, eingetaucht in die Fluten ungeheurer Klarheit – glücklich ausgeliefert einer nach innen, ins Zentrum ziehenden Kraft.

Die *Via illuminativa* sucht die Ruhe und den Frieden in Gott, die Gleichförmigkeit des eigenen Willens mit dem meditierten und endlich erkannten Willen Gottes: »Das will ich, das verlange

Das durch die Kathedrale fließende Licht wird von vielen Besucherinnen und Besuchern als mystisch empfunden.

MYSTIK UND MAGIE

ich, darnach sehne ich mich aus tiefstem Herzen, dass in mir und von mir und durch mich nicht mein, sondern dein Wille geschehe« (Bonaventura). Die ausschließliche Hinwendung zum *summum bonum*, zum höchsten Gut ermöglicht erst, dass so etwas wie Gottesliebe entsteht.

Der Weg zur Einigung ist erfüllt vom Erleben der Gegenwart Gottes, das die Mystiker »Gottschauen« genannt haben: »Zeige mir dein Antlitz und lass mich schauen deine Gestalt. Siehe, dein Antlitz ist lieblich und schön« (Gertrud von Helfta). »Schauen« lautet das Grundwort dieser Stufe des mystischen Weges. Es ist nicht mehr ein Hin- und Hersehen, ein Staunen über die Wunder von Stein und Glas, sondern ein ungetrübtes, von Leid und Lust nicht mehr berührtes Schauen. Die Majestät der Kathedrale

*Kathedrale Saint Tugdual, Treguier,
Bretagne, Frankreich*

»zwingt« zu der Erkenntnis: Die eigenen Wünsche sind belanglos geworden angesichts der restlosen Ergebung in den Willen Gottes, der als solcher »erkannt« wird. Im schauenden Erkennen richtet der mystische Mensch seinen Blick auf die Vergänglichkeit, die Wesenlosigkeit und das Leid alles Daseins, er dringt in einen verborgenen Zusammenhang ein, in welchem sich ihm das »göttliche Gesetz« als Sinn des Daseins offenbart.

Via unitiva. Und dann – vielleicht – so etwas wie die Vereinigung mit dem Urgrund des Daseins, mit etwas, das alle Fragen überflüssig macht. *Unio mystica* wird die volle Einigung mit Gott genannt,

die Ekstase, das Aufgehen in der Gottheit: »Mein eigenes Gut, nun hilf mir, dass ich fließen möge in dich« (Mechthild von Magdeburg). »Fließen« ist hier das Grundwort: das eine (die Seele) geht in das andere (die Gottheit) über, mischt sich wie die Aquarellfarben auf dem Zeichenpapier.

In solcher Ekstase wird der Unterschied zwischen Seele und Gott, Kreatur und Geist, kleinem Ich und großem Du, der in der *Via illuminativa,* der »Gottesschau« noch gewahrt war, als aufgehoben erlebt. Das Endliche geht auf im Unendlichen, in einem ozeanischen, grenzenlosen Gefühl der Einheit mit dem All: »Ich bin in dir und du bist in mir« (Mechthild von Magdeburg).

Mystik in diesem Verständnis ist ein durch Gott ermöglichter Widerstand dagegen, vor sich selbst zu fliehen, vor den eigenen ungelebten Möglichkeiten, vor den eigenen Grenzen und Belastungen. Sie sucht auch die Schattenseiten des Daseins anzunehmen und auszuhalten, sie sich schöpferisch anzueignen, dadurch wahrer und heiler zu werden, lebens- und schmerzwacher, glücksempfindlicher, erschütterungsfähiger.

Gott ist dann jener Freund des eigenen Herzens, der dieses Wagnis anstößt, begleitet, fördert. Gott ist dann nicht mehr die dunkel-unanschauliche Realität oder die fraglos akzeptierte Angelegenheit, sondern ein Gegenüber, das der Mensch wie einen Spiegel braucht, um sein wahres Ich zu erkennen. Er braucht dieses Gegenüber des einzig wahren Gottes, in dessen Größe er seine Halbheit erkennen kann, aber auch seine Chance, zu jenem Menschsein zu kommen, als das er gemeint und entworfen ist.

Das Seelenfünklein. Darum diese gerade auch in der Kathedrale aufflammende Sehnsucht nach dem tragenden Grund – dem »Fünklein«, wie es die mittelalterliche Mystik nennt, das die Seele entzündet –, nach Gott, der nicht bloß behauptet oder beschworen wird, sondern der dem Menschen in ihm selbst entgegenkommt, der ihn auf seinen Weg ruft.

Mystische Stimmung in der Kathedrale von Salisbury, England

*Die Kathedrale lädt jede Besucherin und jeden
Besucher ein, sich auf das Geheimnis des Lebens
und des Glaubens zu konzentrieren.*

MYSTIK UND MAGIE

*Die Kathedrale lädt jede Besucherin und jeden
Besucher ein, sich auf das Geheimnis des Lebens
und des Glaubens zu konzentrieren.*

Der Sinn der Mystik ist die spirituelle Wiedergeburt des Menschen. Immer wieder hat die mittelalterliche Mystik diese Erfahrung mit dem Bild der Geburt zu veranschaulichen gesucht, und es scheint wirklich sehr treffend zu sein: Es kommt etwas zur Welt, das im Menschen angelegt ist, das ihn in etwas Neues, Ungeahntes führt. Das Geheimnis des Lebens besteht darin, dass es sich immer wieder von neuem gebärt: Gott kann geboren werden im Menschen. Mit all den Schmerzen, mit all den Wehen, aber auch mit all den Freuden, die diese Geburt mit sich bringt. Wirkliche Selbstwerdung, wirkliche Gottesgeburt kann nur in dem Maße gelingen, indem man sich aus den Komplexen, Ersatzbefriedigungen, Entfremdungen, Machtbesessenheiten löst, indem man gelassen wird, leer und bereit für die Veränderung, die geschehen will.

Dieser Weg des Ledigwerdens, der Abgeschiedenheit, des Distanzgewinnens, diese Konfrontation auch und gerade mit der eigenen Leere ist notwendig, um die Mitte des Daseins, das Herz aller Dinge, das »Seelenfünklein« zu entdecken. Er führt in eine unendliche Geschichte, in ein lebenslanges Wachstum an sich selbst, und dies keineswegs in dem Sinn, als seien meditative Techniken, asketische Übungen, fromme Gefühle oder ekstatische Phänomene das Kriterium oder die Garantie, dass »Mystik funktioniert«.

Die Kathedrale als mystischer Erfahrungsraum. Mit dem von der Reformation formulierten Einwand gegen jede veräußerlichte Form von Religion und auch von Mystik bleibt festzuhalten, dass der Weg zu Gott nicht herbeigezwungen werden kann. Religiöse Erfahrung lässt sich nicht kommandieren. Aber die Voraussetzung kann der Mensch schaffen, dass Gott in ihm eingeht, wirklich und wahr wird. Dass er eins werden kann mit ihm, nicht als Besitznahme und Eroberung, sondern als Öffnung des eigenen Lebens für ihn. In der Kathedrale sind wir im Haus Gottes, auch wenn die Gottheit möglicherweise gerade außerhalb ihrer Mauern wirkt. Sie ist jedoch ein Kraftzentrum von eigener Magie, von einer An-

Feierliche Prozession der Bruderschaft San Bernardo in der Semana Santa (Karwoche) vor der Kathedrale von Sevilla, Andalusien, Spanien

ziehungskraft, der man sich nicht entziehen kann, lässt man sich erst einmal auf sie ein.

Oft sieht sich die Mystik dem Missverständnis ausgesetzt, als pure Weltflucht verstanden zu werden, als Refugium für zivilisationsmüde Menschen, die den Boden der Wirklichkeit unter den Füßen verlieren und sich in eine esoterische Welt zurückziehen, wo sie sich eigensüchtig in ihrer Isoliertheit verschließen. An diesem Vorwurf ist wahr, dass die Mystik ja tatsächlich mit einem »Sich-Verschließen« gegenüber der Welt beginnt, dass sie den Menschen aus der disparaten Vielfalt des Alltags zurückführt in die verborgenen Abgründe der Psyche. Die Kathedrale nimmt den Menschen heraus aus seiner Welt mit seinen Affekten und Ablenkungen, hinein in einen Ort, der zwar mitten in der Stadt liegt, doch zugleich »nicht von dieser Welt« ist.

Und doch ist diese gezielte »Entfremdung« gegenüber der Welt in der Mystik kein dauerndes und absolutes, sondern nur ein vorübergehendes und relatives Phänomen. Die Weltabkehr wird ausschließlich als eine Phase auf dem Weg zur Begegnung mit dem Göttlichen verstanden, nicht als Selbstzweck oder Schlussziel. Sie ist allerdings nötig, weil nur die Abgeschiedenheit vom Lärm der äußeren Welt, die Loslösung von der Verhaftung im eigenen Ich, die Gelassenheit jene Voraussetzungen für die Hingabe an das Göttliche schaffen, ohne die Mystik völlig undenkbar wäre.

Die authentische Mystik bleibt jedoch nicht in der Isolierung und Vereinzelung, in der Passivität und Abgeschiedenheit. Sie findet im Gegenteil aus dem Erleben Gottes einen neuen Zugang zur Erde und zum Menschen, sie empfängt aus der *Unio mystica* und auch schon auf dem Weg dorthin Impulse zu einer neuen Bejahung des Kosmos.

Dieser Weg von der *Vita contemplativa* zur *Vita activa* – die als Ergänzungen, nicht als Gegensätze zu sehen sind – ist in der christlichen Mystik besonders ausgeprägt. Wer eine Kathedrale betritt, folgt einer Magie, einer Anziehungskraft, die ihn zur Begegnung mit sich selbst und schließlich mit dem Göttlichen führt. Wer eine Kathedrale verlässt, dem kann es sein, dass Gott selbst in ihm Wohnung genommen hat. Und dass er das Haus Gottes in seinem Herzen trägt.

SPEKTAKULUM DES LICHTS

SPEKTAKULUM DES LICHTS

Das Wunder des Lichts ist das, was uns in einer gotischen Kathedrale besonders ergreift. Es repräsentiert den neuen Geist, mit dem gebaut wurde und der in dem Bestreben gipfelte, alle Linien nach oben zu führen und dabei das Licht als »Baustoff« zu nutzen. Ja, man baute »aus Licht«, das heißt, man folgte der Spur des Lichts, suchte es einzufangen, auszustrahlen, hinabgleiten zu lassen an den Pfeilern und in die hohen Räume. Aus den Schriften der Symbolisten hatten die mittelalterlichen Baumeister und ihre geistlichen Führer die göttliche Substanz des Lichtes herausgelesen – so war man darum bemüht, der Baukonstruktion eine Leichtigkeit zu geben, die die allersparsamste Verwendung von Materialien zulässt. Der Besucher der Kathedrale sollte keine Mauern, keine Steine sehen, sondern Licht.

Mit zunehmender Höhe wurden die Kathedralen mehrgeschossig: Die Emporen der Kathedralen des zwölften Jahrhunderts wurden in den folgenden Jahrzehnten durch ein Triforium ersetzt – eine Galerie, die in die Mauerbreite eingelassen ist und sich in einer fortlaufenden Bogenreihe zum Hauptschiff hin öffnet. Im zweiten Viertel des dreizehnten Jahrhunderts wurde die hintere Mauer dieser Galerie durchbrochen, und das Triforium verwandelte sich in einen Lichtgaden: Ein Hochfenster nimmt den ganzen Raum zwischen Arkaden und Gewölben ein, die von dünnen Bündelpfeilern getragen werden. Diese Aufwärtsbewegung aller Linien, die für die gotische Baukunst so charakteristisch ist, muss man als ästhetisches Element verstehen und als einen tiefen Wesenszug der mittelalterlichen Mystik begreifen.

Die Sehnsucht nach Lichtfülle, um dessen Steigerung sich alle mittelalterlichen Baumeister bemühten, ist nicht allein aus dem Wunsch zu erklären, dass man den Gläubigen, die sich im Kircheninneren versammelten, diese Räume möglichst hell gestalten wollte. Sondern wiederum aus dem Bestreben, ihnen die Inhalte

*Auch in kleineren Kathedralschiffen lassen sich
verblüffende Lichtwirkungen erzielen.*

*Ein Abbild des Himmels von grandioser Lichtwirkung
im Petersdom, Rom, Italien*

SPEKTAKULUM DES LICHTS

Durchbruch des Sonnenlichts im Kölner Dom, Deutschland

des Glaubens näherzubringen. Wir dürfen uns nicht der Illusion hingeben, das Lichtspiel der Kathedrale sei ein zufälliges Ergebnis, sozusagen ein Nebenprodukt der Bautätigkeit. Es ist präzise kalkuliert, dieses Spiel von Hell und Dunkel, eine Art Dramaturgie, ja Lichtregie – wie in der modernen Installationskunst. Mit bewunderungswürdiger Obsession wurde das Ziel verfolgt, möglichst viel Licht durch den Raum fluten zu lassen, durch die unzähligen Farbpartikel der Glasfenster illuminative Wirkungen hervorzurufen, ähnlich wie es ein Kaleidoskop tut, das durch leichte Bewegung Glaspartikel in immer neue Formationen zum Spiegel bringt und Bilder von strahlender Leuchtkraft evoziert.

Und man wusste natürlich genau, zu welcher Tageszeit welches Licht durch die Fenster in die Schiffe der Kathedrale strömte, dass durch die Ostfenster das grelle Morgenlicht in den hohen Raum fiel und am Abend die tiefen Schatten der untergehenden Sonne das Farbenspiel der Fenster auf dem Steinboden in weichem Amalgam verglühen ließen. Bis es Zeit war, die großen Leuchter anzuzünden oder die Kathedrale in der Dunkelheit der Nacht versinken zu lassen.

*Während in der Höhe der Kathedrale von
Chartres, Frankreich, die Fenster mit den Farben
spielen, dominieren unten die mit künstlichem
Licht betonten warmen Farben.*

SPEKTAKULUM DES LICHTS

Der Drang in die Höhe. Geradezu besessen waren die Baumeister von dieser »Durchlichtung«: Es genügte ihnen nicht, das Bauwerk mit festgefügten und haltbaren Gewölben auszustatten, um es gegen Witterungseinflüsse und Brände zu schützen; sie wollten das Gebäude mit größer werdenden Fenstern lichtreicher, transparenter machen. Dank des durch Strebepfeiler gestützten Kreuzrippengewölbes gelang es ihnen, die Gewölbe über den Schiffen immer höher anzubringen und ihre Konstruktion immer leichter zu gestalten, wodurch die Schiffe immer durchlichteter wurden. Einen großen Teil der Hochwand, auf die sich der Besucher zubewegt, nehmen die Fenster ein, von denen er gleichsam magisch angezogen wird. So wurde die dreigeschossige Wandgliederung der Kathedrale von Chartres in sieben gleich hohe Zonen aufgeteilt, jede 15 Fuß hoch: drei für die großen Arkaden, eine für das Triforium und drei für die Hochfenster, zusammen also 105 Fuß (den Fuß zu 0,33 Meter gerechnet). Später, als der Lichtgaden dann das Triforium ersetzt hatte, ist die Kathedrale zu dem gläsernen Schrein geworden, von dem die mittelalterlichen Architekten immer geträumt hatten. Und als solcher erscheint sie uns noch heute.

Waren die Fenster – wie in Notre-Dame de Paris – zunächst noch in bescheidenen Grenzen gehalten, gewannen sie dann mit einem Schlag an Größe, wie Chartres zeigt, wo mit Hilfe der Strebebögen die Emporen weggelassen werden konnten. Die Fenster nehmen hier schon fast die Hälfte der Höhe der Wände des Mittelschiffs ein. Die Sainte-Chapelle in Paris bietet dann sozusagen das Nonplusultra an Schauwert: Hier scheinen die Wände nur aus farbigen Glasfenstern zu bestehen (siehe Seite 132/133). In keiner anderen Kathedrale ist das Zusammenspiel zwischen lichten und hohen Fenstern mit einem die Illusion eines Nachthimmels erzeugenden Deckengewölbe so atemberaubend wie in der Sainte-Chapelle.

Das Bilderbuch der Fenster. Die Auflockerung der Wände und die Glasmalerei, die nun immer mehr an die Stelle des flachen

Farbige Glasfenster im Prager St. Veits-Dom, Tschechien

Freskos trat und die irisierende Wirkung eines geradezu plastischen Leuchtens hervorrief, gaben den Kathedralen eine völlig neue Atmosphäre, tauchten sie in eine neue Dimension, die mit unmittelbarer Wirkung das Gefühl des Betrachters anspricht. Er sieht auch in den Glasmalereien die Geschichten und Symbole, den ganzen Kosmos des Glaubens vergegenwärtigt. Auf den Glasfenstern blühen auf reinem Himmelsblau die Szenen des Alten und Neuen Testaments, spielen sich die Heiligengeschichten der *Legenda Aurea* ab. Wie die Mosaiken der frühchristlichen Basiliken und die Wandmalereien in den romanischen Kirchen belehrten die Glasmalereien der gotischen Kathedralen – dem mittelalterlichen Theologen Jean Gerson (1363–1429) zufolge »das einfache Volk, das die Heilige Schrift nicht auslegen konnte, darüber, was es glauben sollte«.

Die Glasmalereien, die wie durchsichtige Mosaiken wirken, sind aus kleinen, farbigen Glasstückchen zusammengesetzt, deren Färbung man dadurch erzielte, dass die Glasmasse zusammen mit Metalloxyden geschmolzen wurde. In die Glasstückchen wurden dann die Linien der Zeichnung durch einen Auftrag von Schwarzlot gehöht und die Stücke anschließend durch Bleiruten aneinandergefügt. Diese Scheiben verbreiten ein sattes goldenes und in sich farbig schimmerndes Licht, das in seiner Tönung nach dem

*Fensterrose und Glasmalerei der Kathedrale
von Chartres, Frankreich*

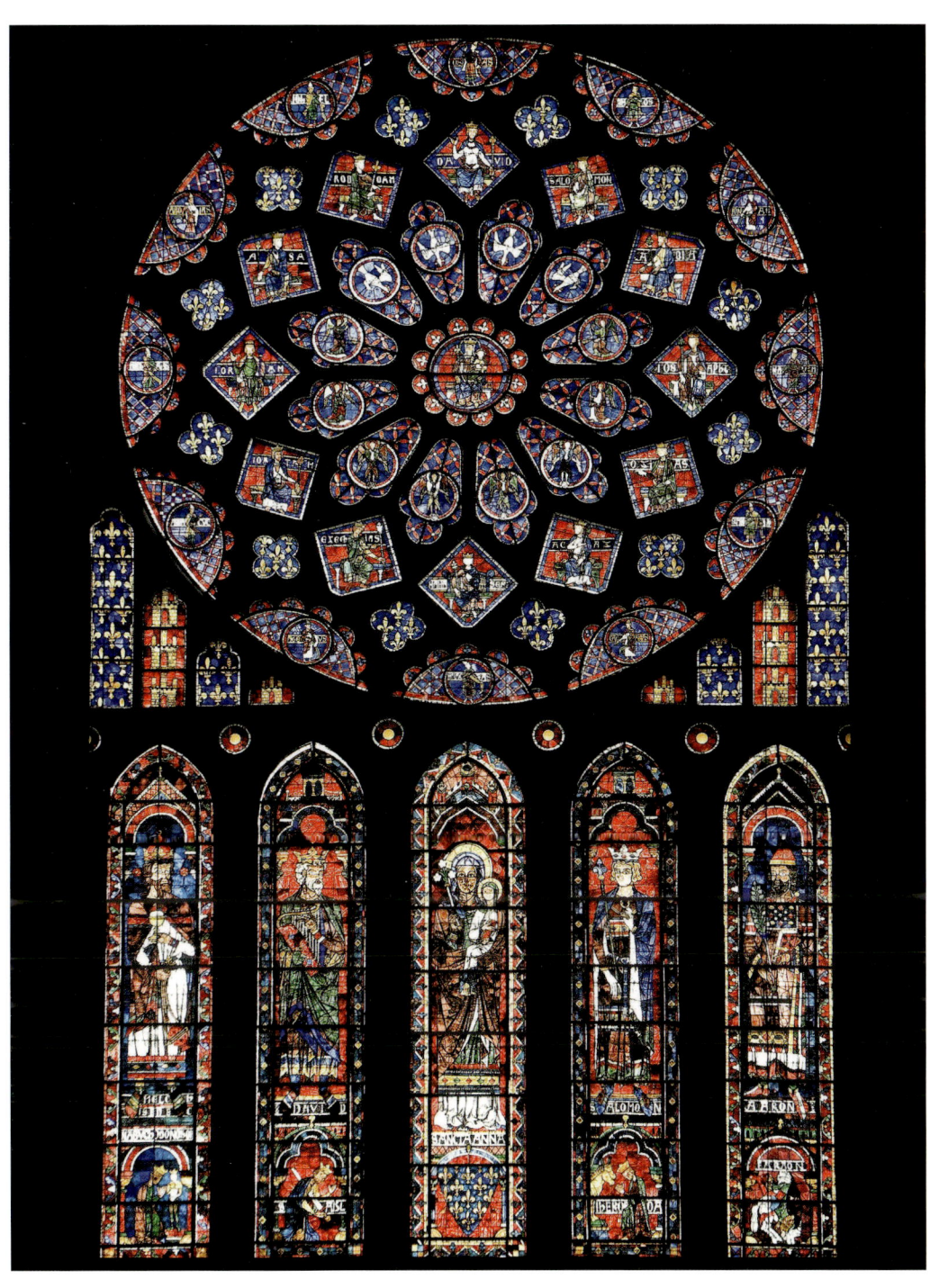

jeweiligen Zustand des Himmels draußen beziehungsweise nach Tageszeit und Witterung wechselt, womit es mit der farbigen Fassung der Architektur in wunderbarem Einklang steht.

Gerade in der Lichtdramaturgie der Kathedralen äußern sich die noch ganz mystischen Wurzeln dieser Kunst. Sie lassen sich auch aus alten spirituellen Texten ableiten und darunter ganz besonders aus den Anweisungen des Abtes Sugerius für seine Abtei von Saint-Denis: »Die großen Kirchenfenster sind die göttlichen Schriften, die das Licht der wahren Sonne, das heißt Gottes, in der Kirche, das heißt im Herzen der Gläubigen verbreiten und sie alle erleuchten … Wenn – durch mein Entzücken über die Schönheit des Gotteshauses – der Zauber der vielfarbigen Gläser mich von äußeren Pflichten ablenkt und angemessene Meditation mich zum Nachdenken gebracht hat; wenn er, was irdisch ist, dank der heiligen Tugenden in Verbindung mit dem Überirdischen setzt, dann scheint es mir, dass ich selbst in einer unbekannten Region des Universums wohne, die weder ganz zum Schlamm der Erde noch völlig zur Reinheit des Himmels gehört; und dass ich, durch die Gnade Gottes, in einer entsprechenden Weise aus dieser niederen in die höhere Sphäre versetzt werden kann.«

Dies ist ein zutiefst mystischer Gedanke, in dem wohl vor allem die Beweggründe für die enorme Vergrößerung der Fenster zu suchen sind. Wenn die Sonnenstrahlen in den hohen Kirchenraum fluten, soll ihre Helligkeit blenden wie das Paradies selbst. Gott selbst ist das Licht, und das Licht verleiht den Dingen ihre Schönheit. Die Schönheit allen Seins ist mit der Klarheit gleichzusetzen, die zugleich mit Harmonie und Ebenmaß das Bild Gottes widerspiegelt.

Das wahre Licht. So hatte das Licht im Innern der Kathedrale eine beziehungsvolle Aufgabe: Der Besucher der Kathedrale – staunend in der Schönheit des Lichtes stehend, dessen Fülle durch alle Fenster in den Raum hereinströmt, gefiltert durch die Glut der

Grandioses Farbspektakel im Prager St. Veits-Dom, Tschechien

Der leere Kirchenraum der Lincoln Cathedral, Lincolnshire, England, bietet eine ideale Projektionsfläche für Farbreflexe der Glasfenster auf dem Boden.

SPEKTAKULUM DES LICHTS

Fensterrose der Kathedrale Saint-Denis, Frankreich

bunten Glasscheiben, deren Farben wie Edelsteine funkeln – sollte Christus als das wahre Licht sehen, das die Welt erhellt.

Wer eine gotische Kathedrale mit ihren farbensprühenden Glasfenstern betritt, hinter dem versinkt, was auf Erden Geltung hat. Er wird gleichsam von Gold übergossen und fühlt sich in ein Reich versetzt, das nicht von dieser Welt ist. *Lumen de lumine* – Licht aus unerschaffenem Licht: Nirgendwo in der Natur begegnen unsere Augen einem Rot, das so rot, einem Blau, das so blau wäre, nirgendwo fügen sich starke Farben so sanft und doch so zwingend zueinander. Hier spielen die Farben eine nie vernommene Melodie. Und wenn der Besucher – was schwer fällt – in der Kathedrale die Augen schließt, wie geblendet, dann spürt er, dass die Fensterrose sich seinem Blick längst eingebrannt hat. Und dass sie nicht nur leuchtet, sondern singt.

KOSMOS DER BILDER

KOSMOS DER BILDER

Ein großartiges Bilderbuch des Glaubens vor allem ist die Kathedrale. Das mag überraschen, wenn man bedenkt, dass »im Anfang« das Wort war, nicht das Bild. Das Christentum ist ursprünglich keine Bildreligion. Nicht nur das Johannes-Evangelium hatte mit seinem ersten Akkord die Präferenz eindeutig festgelegt: Das Christentum als eine schriftorientierte Religion findet seine wesentlichen Begründungen in der Auseinandersetzung mit Wort und Schrift. Und doch: Das Wort, einmal verkündet, bleibt nicht stehen. Es führt unmittelbar zur Anschauung: »Das Wort ist Fleisch geworden, und wir haben seine Herrlichkeit gesehen.«

Bereits in der Schöpfungsgeschichte spricht Gott: »Lasst uns Menschen machen als unser Abbild, uns ähnlich« (Genesis 1,26). Doch gleich im nächsten Buch heißt es warnend: »Du sollst dir kein Gottesbild machen und keine Darstellung von irgendetwas am Himmel, auf der Erde oder im Wasser« (Exodus 20,4). Auch Moses bekommt zu hören: »Du kannst mein Angesicht nicht sehen, denn kein Mensch kann mich sehen und am Leben bleiben« (Exodus 33,20).

Bilderverbot. Was zunächst noch wie ein Warnschild für die Wahrnehmung Gottes wirkt, wird rasch zur Tabuzone: »Alle, die Bildern dienen, werden zuschanden, alle, die sich der Götzen rühmen« (Psalm 97,7), verflucht gar wird derjenige, »der ein Gottesbildnis, das dem Herrn ein Greuel ist, schnitzt oder gießt und es heimlich aufstellt« (Deuteronomium 27,15), die Götterbilder sollen verbrennen.

Doch ist hier zu differenzieren: Mit dem berühmt-berüchtigten biblischen »Bilderverbot« ist die Repräsentation Gottes in einer dreidimensionalen Kultstatue gemeint, nicht das Tafelbild oder Gemälde. Man wollte die Götzenverehrung verhindern, wie man sie von anderen Kulturen kannte und fürchtete. Jahwe ist anders, ist mehr als Baal, mehr als irgendein regional bedeutsamer

Moderne Glasfenster im Aachener Dom, Deutschland

Gott oder Götze, vor dessen Kultstatue die Menschen in die Knie gehen. Die Theologie des Schöpfungsberichts übertrug die altorientalische Kultstatue – als Kraftzentrum und lokale Präsenz des Göttlichen – auf den lebenden Menschen. Mann und Frau sind die »Stand-Bilder« Gottes in der Schöpfung. So ist zu erklären, dass Jahrhunderte später in der Kathedrale zwar viele Statuen von Heiligen, biblischen Figuren und auch weltlichen Gestalten zu finden sind, kein Bild aber von Gott.

Die sinnliche Präsenz des Glaubens. Doch kann aus der biblischen Tradition kein manichäischer oder gnostischer Gegensatz zwischen Wort und Bild konstruiert werden. Der Prophet Jesaja bekannte: »Ich sah den Herrn«, bei anderen Propheten findet sich

Gleich ob mit Szenen und Figuren oder mit Symbolen und Wappen bemalte Glasfenster – der Lichteinfall zaubert irisierende Stimmungen.

KOSMOS DER BILDER

der eigentümliche Ausdruck »Ich schaute das Wort des Herrn.« Dies ist mehr als Vision und Mystik, es ist das Wissen um die sinnliche Präsenz des Glaubens, wie es auch im Ersten Johannesbrief zum Ausdruck kommt: »Was von Anfang an war, was wir gehört haben, was wir mit unseren Augen gesehen haben, was wir geschaut und unsere Hände angefasst haben – das verkünden wir, das Wort des Lebens.« Das Wort ist eben nicht nur Wort, es ist mit allen Sinnen zu erschließen.

In den ersten Jahrhunderten des frühen Christentums tauchten Bilder auf Sarkophagen und an den Wänden von Katakomben und liturgischen Räumen auf, Bilder von der Auferstehung Christi, vom Triumph des Glaubens über den Tod. Wie in ein magisches Licht getaucht wirken diese Anfänge der christlichen Bildtradition: Alle Dinge, die vom Verschwinden bedroht sind, wurden dargestellt und damit vergegenwärtigt, vor dem Vergessen gerettet.

Spätestens seit dem dritten Jahrhundert unserer Zeitrechnung gewannen Bilder von Jesus Christus und den Heiligen, biblische Szenen an Bedeutung. Im Streit um die Ikonen wurde dann ein Sprengsatz gezündet. Der in der Spätantike ausgetragene »byzantinische Bilderstreit« war jedoch mehr als ein historischer Kampf um Deutungshoheit oder

*In der byzantinischen und später der orthodoxen Kirche
werden die Bilder des Glaubens glanzvoll inszeniert.*

eine binnentheologische Debatte. In der orthodoxen Kirche, im byzantinischen Kaiserhaus wurde heftig um den richtigen Gebrauch und die Verehrung von Ikonen gerungen – jener christlich geweihten Kultbilder, die vor allem Ehrfurcht bei ihren Betrachtern hervorrufen sollten.

Bilderflut. Als die Auseinandersetzungen ihren Höhepunkt erreichten, hatten sich bildliche Darstellungen der biblischen Geschichten und der zentralen Glaubensinhalte längst unaufhaltsam über Kleinasien, Nordafrika und Europa ausgebreitet, war das Bild zur machtvollen Sprache, zur grenzüberschreitenden *lingua franca* geworden. Das Mittelalter erlebte dann geradezu eine Bilderexplosion: Sakralbauten, Bibelillustrationen, Buchilluminationen, ikonographische Darstellungen, Plastiken, Gemälde sind nicht nur einfach schmückende Illustrationen des geschriebenen Wortes, sie haben als Interpretationen von heiligen Texten ihren eigenen Wert und prägen das Christentum entscheidend.

Moses und die Propheten, Himmel und Höllen, Jesus Christus und Maria, Zeichen und Wunder, Johannes der Täufer und die Jünger, Heilige und Engel bevölkern den religiösen Bilderkosmos, der dem Glauben in einer Zeit, in welcher die meisten Gläubigen das gesprochene Wort der kirchlichen Liturgie, Griechisch oder Latein, nicht verstanden, eine sinnliche Präsenz und auch Evidenz

Der Engel vertreibt Adam und Eva aus dem Paradies.

gab. Diese Religion leuchtet und spricht in Bildern, und man kann ihren Geschichten mit den Augen lauschen, sobald sich der Blick an den Kirchendämmer und das flackernde Kerzenlicht gewöhnt hat.

Diese Bilder, diese Kathedralenfenster und Wandteppiche, diese gemalten oder mit Mosaiken ausgelegten Szenen machten dem Gläubigen die Höhepunkte des christlichen Dramas vertraut: Geburt, Wundertaten, Passion, Tod und Verklärung Jesu gewannen eine Plastizität, wie sie keine noch so wortreiche Predigt erreichte. Bilder zielen umweglos ins Herz des Gläubigen, brennen sich in seine Seele ein. Außerhalb der Kirchen herrschte jedoch eine bildlose Zeit, denn die in sagenhafter Pracht ausgemalten Paläste der Mächtigen und Reichen blieben den einfachen Menschen verschlossen. Kein umherreisender Händler, kein Kreuzritter trug ein Bild seiner Schwester bei sich, einen Holzschnitt oder einen Kupferdruck. Der große Bilderraum ist die Kathedrale, zu der jeder Zugang hat. Er geht und lebt, feiert und hofft in ihr auf das ihm versprochene Heil.

Das Alte und das Neue. Nicht nur etwas Jenseitiges, auf das ich alle Hoffnung richtet, sondern das gesamte Glaubensspektrum wird vor dem Betrachter ausgebreitet wie ein wunderbarer Teppich aus Tausendundeiner Nacht, in der Geschichten erzählt werden, um sein Leben zu retten. Von der Schöpfung bis zu den letzten Dingen und dem Jüngsten Gericht. Kindheitsgeschichte und Passion Christi werden gleichermaßen erzählt wie Geschehnisse aus dem Alten Testament und aus den Heiligenviten der *Legenda aurea*. Und immer wieder begegnen uns dabei typologische Ordnungen, denn nach der Vorstellung des mittelalterlichen Menschen waren alle Dinge und Ereignisse, von denen das Neue Testament

Die Decke der Sixtinischen Kapelle,
Vatikan, Italien

KOSMOS DER BILDER

Die Decke der Sixtinischen Kapelle,
Vatikan, Italien

berichtet, in Geschehnissen des Alten Testaments bereits vorgebildet und angekündigt. Die Apostel stehen gleichsam auf den Schultern der Propheten. Anschauliche, bisweilen drastische Darstellungen der Tugenden und Laster versinnbildlichen die christliche Moral und Ethik, Tierkreiszeichen und Monatsbilder zeigen die kosmische Dimension des Glaubens, historische Reliefs und Generationsbilder der regierenden Königs- und Fürstenhäuser verbinden Heilsgeschichte und Weltgeschichte.

Bildersturm. Doch warum wurden Bilder gefürchtet, warum wurden sie immer wieder beschädigt, verboten oder gar vernichtet? Woher kommt die große Angst im Umgang mit Bildern?

Bilder haben die Macht, auf anderes zu verweisen. Sie scheinen denen, die sich von ihnen bedroht und geängstigt fühlen, mit provozierender Symbolkraft ausgestattet. Durch ihre sinnliche Präsenz verleihen Bilder der Materie etwas Vieldeutiges; der Wunsch, sich von ihrer Macht zu befreien, mündet oft in den Versuch, die Bilderzerstörung als einen Akt der Reinigung auszugeben, eine Reinigung, die sich auf spirituelle Askese beruft. Bilderangst also als geistige Disziplinierung gegenüber sinnlicher Ausschweifung, Misshandlung der Bilder als Verzicht auf Sinnenzauber, auf Versinnlichung überhaupt: Leicht lässt sich hier die Verbindung vom Purismus zum Puritanismus ziehen, angefangen mit der göttlichen Strafverfolgungsbehörde, der reformatorischen Hauptabteilung für den reinen Glauben und die Verwaltung der Seelen.

Münster, im Jahr des Herrn 1534: Die Täufer übernahmen die Herrschaft in der Stadt. In einem heute kaum nachvollziehbaren religiösen Eifer stürmten sie die Kirchen und schlugen alles kurz und klein. Bilder wurden von den Wänden gerissen und verbrannt, Statuen umgestürzt und in Stücke geschlagen. Wüst und leer blieben die Gotteshäuser zurück, ihrer wertvollen Schätze beraubt.

Nicht alle Christen sind also gut auf ihre heiligen Bilder zu sprechen gewesen. Doch dass sakrale Kunstwerke Opfer eines Bildersturms wurden, war mehr als eine Begleiterscheinung der Reformation, die bekanntlich erfüllt war von Wortvertrauen und Bilderskepsis. Gott hat gesprochen, er hat uns keine Bilder gemalt.

Der auferstandene Jesus erscheint Maria und den Jüngerinnen und Jüngern.

Gott soll verehrt werden und nicht sein Bild. Erlaubte jedoch Martin Luther in Wittenberg noch Bilder, um dem leseunkundigen Volk eine Anschauung von biblischen Stoffen zu geben, verdammte Johannes Calvin in Genf bereits die christliche Kunst in Grund und Boden und verhängte ein totales Bilderverbot für die Kirchen: Nichts soll von der Predigt ablenken, nichts soll dem Menschen ein falsches Bild von Gott vermitteln und ihn zum »Götzendienst« verführen. Sprach Martin Luther noch von Irreführung und Teufelswerk der Bilderstürmerei (»Wenn ich alle Bilder zertrümmere, so bin ich doch lauter Sünde«), so schritten radikale Reformatoren und von ihnen Aufgehetzte und Verblendete zur Tat und schlugen in blinder Wut auf die Bilder ein.

Basilika Montserrat, Spanien: Begegnung zwischen Maria und Elisabeth

Aus der Abwendung radikaler Protestanten von der Sinnlichkeit der katholischen Sakramentalität, Gleichnis- und Bilderfreude hin zur Dominanz der verbalen Handlung in der gottesdienstlichen Predigt resultierte schließlich eine ansonsten in der Kirchengeschichte beispiellose Entsinnlichung, die vom Bildersturm der Reformierten bis zur Zerstörung der »Sinnenkunst« führte, in England etwa zur rigorosen Auslöschung der Kultur des elisabethanischen Zeitalters durch den Puritanismus.

Die katholische Welt steuerte mit der Gegenreformation, ausgehend vom Konzil von Trient (1545–1563) in eine andere Richtung, indem sie das christliche Bild wieder zu neuem Leben erweckte. Im Barock kam es zu einer rauschhaften Verbreitung der Bilder, zu einer Apotheose des Sinnlichen, zu einem Triumph der Kunst, der alles überwucherte und keinen Quadratmeter Kirchenwand unbemalt ließ.

Sinnlichkeit und Festlichkeit. Wer aufmerksam durch eine Kathedrale geht, kann noch heute nicht umhin, sich gerade von der Bilderwelt ansprechen oder gar gefangen nehmen zu lassen. Jedes der großen Fenster, jede Seitenkapelle, jeder Flügelaltar, jede Skulptur, jeder Kreuzgang erzählt eine Geschichte – Bibelgeschichten, Heiligengeschichten, Kirchengeschichten. Diese so offensichtliche Sinnlichkeit und Festlichkeit, die der Kathedralenraum ausstrahlt, verhindert, dass die Spiritualität zu einer abstrakten Technik wird, ohne Anschaulichkeit, monologisch, ein Formalismus ohne lebendige Formen. Jede klare und zugleich verhängnisvolle Trennung zwischen Geist und Materie, Seele und Leib, Innerem und Äußerem, Unsichtbarem und Sichtbarem führt letztlich zu einem unerträglichen

Jesus, Maria und die Schriftgelehrten im Tempel

Verlust an geistiger Substanz. Wer die Bilder entfernt, die Altäre entblößt, die Kirchenräume entrümpelt und in ihrem Schmuck auf das Notwendigste reduziert, löscht mit dieser rigiden Erziehung zu asketischer Nüchternheit zugleich auch das Geheimnisvolle und Transzendente aus, entsinnlicht die Religion, raubt ihr ihre ästhetische Authentizität, ihre Schönheit.

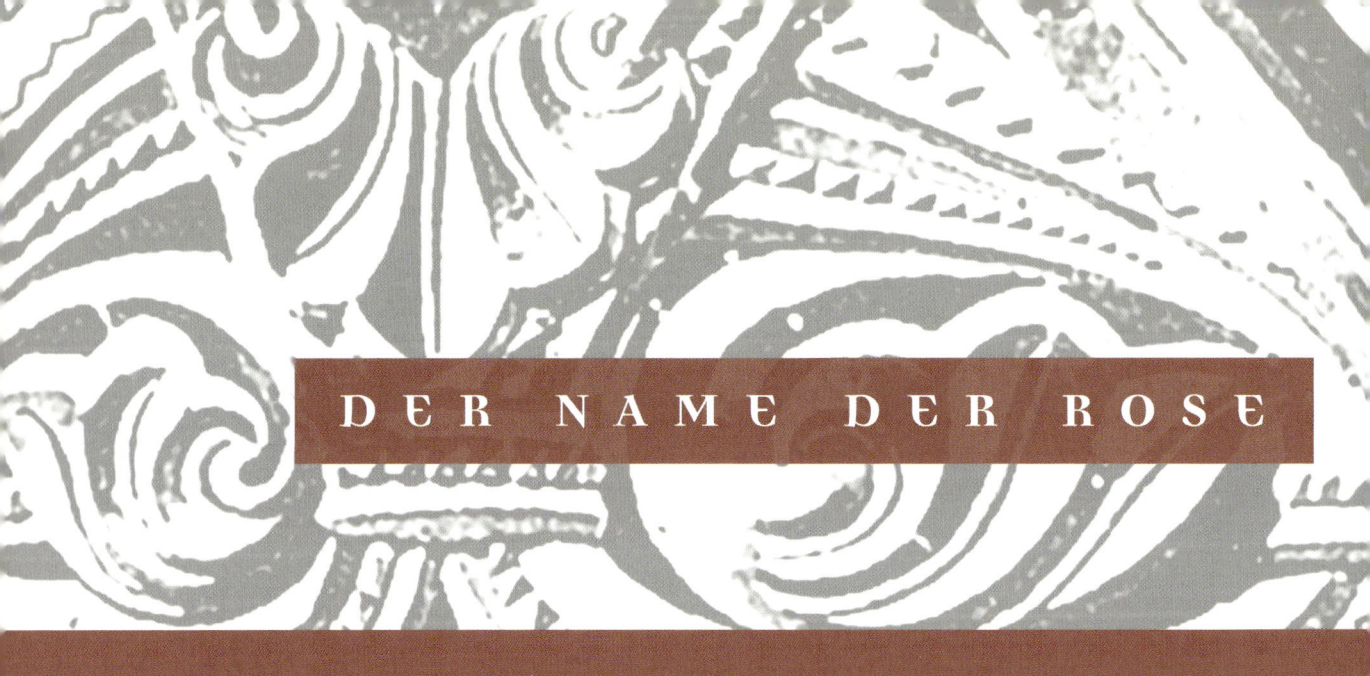

DER NAME DER ROSE

Die Gestaltung der Glasfenster kann ihre Herkunft von Wand- und Deckenmalerei nicht verbergen. Zumeist wird das, was man in Fresko und Malerei an den Wänden zeigen könnte, auf die Glasfenster konzentriert: Die feine, mit Schwarzlot erreichte Zeichnung, das kräftige Blau, das leuchtende Rot rufen ungleich größere Wirkungen hervor, als es übliche Wandmalerei, die in der Kathedrale zudem den Nachteil schlechterer Ausleuchtung hätte, jemals erreichen könnte.

Noch in die kleinsten rechteckigen und runden Fenster werden kleinfigurige Darstellungen gesetzt, Medaillons enthalten intime Szenen, der Aufbau des Fensters folgt der dreidimensionalen Architektur. Wie stets, ist auch hier die Wirkung alles: Je stärker die Kathedrale zu einem Haus aus Glas und Licht wird, um so heller werden die Farben der Glasfenster. So gelingt es, immer mehr Licht in den Innenraum fließen zu lassen, damit die kostbare Innenausstattung zu besserer Wirkung gelangen kann.

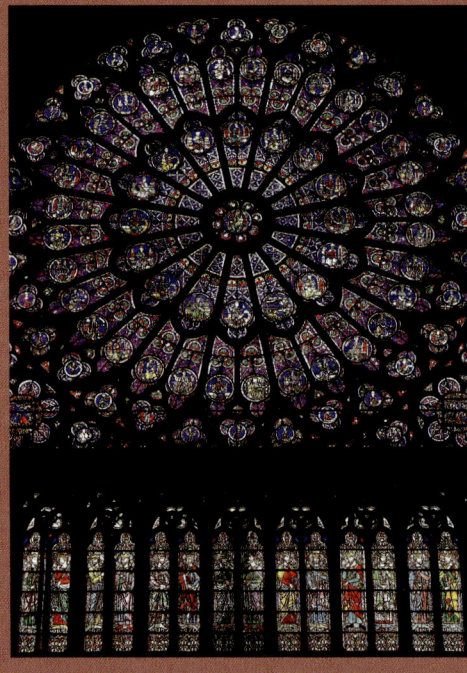

So sehr die hohen und farbensprühenden Fenster auch den Blick fesseln – restlos überwältigt wird er durch die Fenster-

rose, die auch Rosette (französisch für »kleine Rose«) genannt wird. Doch sie ist alles andere als klein, kein Röschen, sondern ein strahlender Mittelpunkt der gotischen Lichtarchitektur, ein in der Regel über dem Portal angeordnetes, kreisrundes Fenster, das alle Aufmerksamkeit auf sich zieht und durch die zentrierte Lage eine starke, suggestive und meditative Wirkung hat. Sie muss den mittelalterlichen Menschen (der unsere heutige Reizüberflutung nicht kannte) ungeheuer beeindruckt haben, wirkt aber in ihrer ganzen Pracht und Schönheit auch auf den heutigen Betrachter überaus machtvoll, beruhigend und harmonisch.

Durch ihre Ausmaße ist die Rosette mit bis zu 15 Metern Durchmesser – die des Straßburger Münsters ist mit 13,6 Metern eine der größten Europas – schon überaus beeindruckend. Die oft vielgestaltige Ausmalung in den Fächern, Kränzen, Medaillons und Mandorlen sowie die überaus dekorative Anordnung rund um das Zentralmotiv verstärken noch den Eindruck, dass hier das Herz der Kathedrale leuchtet.

Wie alles in diesem Kirchenbau, hat auch die Fensterrose nicht nur eine Wirkung, sondern auch eine Bedeutung. Mit ihrer Kreisform symbolisiert sie die Vollkommenheit der sich nach allen Seiten verbreitenden göttlichen Liebe. Häufig wurde in der künstlerischen Strukturierung der Fensterrose mit Elementen der Zahlen- und Kreissymbolik gespielt, um die Allgegenwart Gottes in der Welt, die ewige Wiederkehr oder den Lebenszyklus visuell erfahrbar zu machen.

Der Heilige Jakobus

KOSMOS DER BILDER

Die Taufe Jesu durch Johannes den Täufer

Die Lust an Bildern. Jede Kathedrale konfrontiert uns mit bildhaftem Glaubensausdruck, mit Wahrheit und Wahrhaftigkeit, mit dem pulsierenden Wärmestrom in der Religion. Sie ist – genau besehen – ein einziger Widerspruch gegen die Versuchung zur alles überstrahlenden, ja überwältigenden Wortsystematisierung und begrifflichen Normierung, gegen die Auslöschung der Sinnlichkeit und Vertreibung der Bilder.

Gegen Ende des achtzehnten Jahrhunderts beklagte der sich Novalis nennende Frühromantiker (und Protestant) Friedrich von Hardenberg – in seinem Aufsatz »Die Christenheit oder Europa« – den Verlust jener Zeiten, da Europa ein geeintes christliches Land war, wo die Kirchen noch »mit ermunternden Bildern geschmückt, mit süßen Düften erfüllt und von heiliger Musik belebt waren«. Bereits er empfand den Preis der Entsinnlichung und Entästhetisierung als zu hoch, im Grunde unbezahlbar: Infolge der Reformation habe der Buchstabenglaube überhand genommen und »die unendliche Musik des Weltalls zum einförmigen Klappern einer Mühle gemacht«. Novalis träumte einen von inneren wie äußeren Bildern energetisch aufgeladenen Traum von einer neuen, religiös vitalen Kultur, in der die Sinnlichkeit des Katholizismus und das Freiheitspathos des Protestantismus zu einer Synthese finden, statt sich in konfessionellen Gegensätzen und Streitigkeiten aufzureiben.

Kunst und Kitsch. Freilich lassen sich nicht einfach der bilderfreundliche Katholizismus und der bilderfeindliche Protestantismus gegenüberstellen und womöglich gegeneinander ausspielen. Bei aller Bilderfreude, ja Bilderlust bleibt die ungelöste Frage, wie verhindert werden kann, dass in Kunstwerken, überhaupt in Bildern Glaubenserfahrungen verdinglicht und »instrumentalisiert« werden. Und das, obwohl oder gerade weil die christliche Kunst vor allem auch in der Kathedrale einen Verkündigungs- und Lebenszusammenhang geschaffen hat, in dem sich künstlerischer Ausdruck und religiöse Erfahrung nicht mehr wie zwei Fremdkörper gegenüberstehen. Im Idealfall haben sie sich auf geradezu vibrierende Weise durchdrungen.

Jenseits der Hochkultur wuchert nach wie vor eine üppige Lust an Bildern, an Sinnlichkeit. Der Streit um irgendein modernes Kathedralenfenster bewegt allenfalls die Feuilletons. Das Volk Gottes, welches das Zweite Vatikanische Konzil auf ewiger Pilgerschaft durch die Zeiten sah, hält sich nicht lange mit spitzfindigen Theorien, wie Kunst und Kirche noch zusammenpassen könnten, auf. Es ist noch immer geblendet vom Gold der Schatzkammern, der leuchtenden Fenster, der funkelnden Monstranzen, erfreut sich noch immer an rührenden Krippendarstellungen und Heiligenbildern, an liturgischen Farben und Spektakeln aller Art, ob in Rom auf dem Petersplatz, bei großen Prozessionen und Kirchenfesten oder in der heimatlichen Wallfahrtskirche. Das Marterl am Wegrand, der jeglichem Schönheitsideal entsprechende Jesus auf dem Andachtsbildchen, das Schutzengelchen über dem Weihwasserbecken – diese religiöse Volkskultur führt ein Eigendasein, ein eigensinniges Leben. Sie ist unzerstörbar, so lange Menschen sich von Religion in ihren Sinnen angesprochen fühlen. Sie bewegt die Herzen *(»Sursum corda!«)*, rührt zu Tränen, wird als berührend, von kritischen Geistern aber auch als unerträglich empfunden.

Kristallisation des Katholischen. Nichts ist sinnenfälliger und katholischer (im Sinne von weltumspannender) als dieses auch in

Jesus und die Kleinen: »Lasset die Kinder zu mir kommen …«

der Kathedrale herrschende Amalgam aus Kirche, Kunst, Kitsch und Kommunikation. Es ist die universale Sprache eines faszinierenden Bilderkosmos, mit dem die Kathedrale unsere Sinne fesselt und unsere Augen blendet. Mit ihr ist so etwas wie ein katholischer *Orbis Pictorum* geschaffen worden, eine Art Kaleidoskop der katholischen Welt, die den Glauben als eine weltumspannende, weltverändernde Kraft sieht und erlebbar macht – in seiner Anfechtung, in seiner Schönheit.

In der Kathedrale begegnet uns die visuelle Seite des katholischen Christentums – eine verblüffende Visualisierung der Kirche als universale Gemeinschaft, die seit zwei Jahrtausenden das Denken und die Gefühle der Menschen wesentlich prägt, wenn nicht gar bestimmt. Es ist eine vielgestaltige Kristallisation des Katholischen, die in ihrem Bilderkosmos zum Ausdruck kommt – ihr geht es um die »gedachte«, »gefühlte« und »erlebte« Kirche, um den Lebens- und Kulturraum, um die »große Erzählung«. Auf die anschaulichste Art und Weise kann begriffen werden, was diese Glaubensgemeinschaft im Innersten bewegt und zusammenhält: magische Momente, schicksalhafte Augenblicke und symbolträchtige Szenen, Kulminationen und Verdichtungen, Zeitdokumente von bleibendem Wert.

Keinen pittoresken Unterricht in Kirchengeschichte bietet die Kathedrale, keine erbauliche Chronik, keinen katholischen Diaabend. Wer in ihr die Augen öffnet, gerät in einen Rhythmus, der ihn immer wieder berühren, aufstören, erschüttern oder sogar erregen wird. Er muss hier keine »Religionsstunde in Bildern« über sich ergehen lassen, vielmehr wird ihm eine einzigartige Einladung zuteil, zu sehen, zu schauen, zu staunen, immer wieder die Augen zu öffnen.

Ein Bild sagt bekanntlich mehr als tausend Worte. In einem visuellen Erzählstrom erzählen die Bilder der Kathedrale Geschichten von Angst und von Hoffnung. Von Freude oder Trauer, von Glück und Schmerz.

Verkündigung durch den Erzengel Gabriel und Empfängnis Mariens durch den Heiligen Geist, symbolisiert durch den von der Taube ausgehenden Strahl

DIE BERÜHRUNG DES HIMMELS

DIE BERÜHRUNG DES HIMMELS

Mitten in der Stadt steht die gotische Kathedrale, flankiert von Bürgerhäusern, die, indem sie sich an sie schmiegen, den richtigen optischen Maßstab für ihre Größe, für ihre Würde und Bedeutung erkennen lassen. An den Geschosshöhen der benachbarten Häuser ist jenes menschliche Maß abzulesen, auf das bezogen die Kathedrale ins Unermessliche zu wachsen scheint, reichen doch die Dachfirste der Häuser kaum bis zu den Traufgesimsen der Seitenschiffe heran. Waren die Klosterkirchen der alten Mönchsorden der Benediktiner und Zisterzienser von untergeordneter oder kaum vorhandener Bedeutung im Stadtbild, so beherrscht die Kathedrale nicht nur die Silhouette der Stadt, sondern versteht sich als ihr Zentrum. Sie gehört in so enger Weise zur Stadt, dass sie häufig zu ihrem Wahrzeichen wird; die Identifikation der Bürger mit ihrer Kathedrale ist oft besonders ausgeprägt.

Von Funktion und Zweck her sind die unglaublichen Maße der Kathedrale kaum zu erklären; sie verdanken sich der Bedeutung als zentrale Stätte des kirchlichen Lebens. Im Schatten ihrer mächtigen Türme finden im Mittelalter die Markttage statt, die Kirchweih- und Patronatsfeste, die Prozessionen, die geistlichen Spiele. Und so hoch und himmelstürmend die Kathedrale auch angelegt ist – sie öffnet sich doch nach allen Seiten, bietet überall Räume und lädt mit großen Portalen an drei Seiten – im Westen, Norden und Süden – zum Betreten ihres festlichen Raumes ein.

Darin liegt etwas dem Mittelalter bis dahin völlig Unbekanntes: die Anerkennung des Betrachters. Die Mauern schotten nichts ab, die Kathedrale zeigt sich nicht abweisend, sondern vielmehr einladend. Sie will die Leute in ihr Inneres ziehen, weil sie ihnen hier die Wunder des Glaubens zeigen kann.

Das Symbol der Himmelsstadt. Und da sie architektonisch so sehr das Stadtbild dominiert, ihre Türme weit in das Land hinein grüßen, sich an ihr die alten Fernhandelsstraßen orientieren, ist die

Auf dem Dach des Mailänder Doms, Italien: Türme, auf denen die Heiligen als Wächter fungieren

Eng stehen die Bürgerhäuser an der Kathedrale Notre-Dame de Paris, Frankreich.

Kathedrale zum Fixpunkt geworden. Der Höhendrang der Gotik ließ sie zu einem weithin wirkenden und in den Himmel weisenden Zeichen für die Reisenden werden. Die Kathedrale gab der Stadt gleichsam sakrale Weihe, rückte auch die bürgerliche Gesellschaft in die Nähe des Himmels. Da für den mittelalterlichen Menschen alles immer auch Symbol war, wurde die Kathedrale als Sinnbild einer Himmelsstadt gedeutet: Alles scheint hier dem Boden zu entwachsen, sich himmelwärts zu recken, ehe es sich in Bögen vielfach verzweigt und miteinander verbindet:

Gewölbe der Kathedrale von Albi, Frankreich

DIE BERÜHRUNG DES HIMMELS

Blick durch den Kölner Dom, Deutschland

»Vermannigfaltige die ungeheure Mauer, die du gen Himmel führen sollst, dass sie aufsteige gleich einem hocherhabenen, weitverbreiteten Baume Gottes, der mit tausend Ästen, Millionen Zweigen und Blättern wie der Sand am Meer ringsum der Gegend verkündet die Herrlichkeit des Herrn, seines Meisters«, so lässt Johann Wolfgang von Goethe den Genius Erwin von Steinbach sprechen.

Höhendrang und Tiefenbewegung prägen nicht nur die Außenansicht, sondern auch den Innenraum der Kathedrale. Das Haupterlebnis bietet das Mittelschiff, aber auch die Seitenschiffe, Querhausarme und Triforien vermitteln den großen einheitlichen Eindruck eines vielgestaltigen, stets bewegten Ganzen, das über seine eigenen Grenzen hinausweist, nie völlig zu erfassen ist und das im wechselnden Licht der verschiedenen Tages- und Jahreszeiten seine Gestalt zu wandeln scheint.

Einheitlichkeit im Grundriss, in der Wandbildung und in der Wölbung schafft den Eindruck harmonischer Proportionen. Doch es ist vor allem das Gewölbe, das im Betrachter die Assoziation eines Himmels hervorruft. Das Kreuzrippen-

Gewölbe der Kathedrale von Reims, Frankreich

Gewölbe von Santa Maria, Caceres, Extremadura, Spanien

Gewölbe der Kathedrale von Salamanca, Kastilien, Spanien

gewölbe weist über sich selbst hinaus und zwingt zu ständiger Bewegung. Das Gewölbe scheint sich in einem unaufhörlichen, stetig steigenden Kräftestrom zu befinden und die Gesetze der Schwerkraft zu überwinden. Wie nur von dünnen Stäben gehalten, scheint es über dem Raum zu schweben. Bisweilen wird durch die Ausmalung mit Sonne, Mond und Sternen oder mit der strahlenden Farbe Blau der Eindruck hervorgerufen, man blicke geradewegs in den Himmel. Nicht nur in den *sky,* sondern in den *heaven,* um es mit der Bedeutungsvielfalt der englischen Sprache zu sagen. Wie sehr die Vorstellung von lebendigen, im Stein wirksamen Kräften dem Denken gotischer Baumeister und Steinmetzen entspricht, wird besonders dort deutlich, wo aus der reinen architektonischen Form ganz unvermittelt ein florales Gebilde, ein Blatt oder eine Knospe hervorbricht. Oder der Schlussstein des Gewölbes die Gestalt einer Blume hat.

Hauptkuppel des Salzburger Doms, Österreich

Das Himmelsgewölbe. Nicht in seiner Statik, jedoch in seiner ästhetischen Wirkung ist das Kreuzgratgewölbe der Kuppel verwandt. Inspiriert vom römischen Pantheon setzte man die Kuppel vor allem in Italien als krönenden Bauabschluss der Kathedrale, nicht nur in Rom, sondern auch in Florenz oder – mit einem ganzen Kuppelensemble – in Venedig. Innen sind die Kuppeln nicht selten mit Fenstern ausgestattet, die nicht nur Licht hereinlassen, sondern den Eindruck einer lichtspendenden Sonne am Himmelsgewölbe hervorrufen. Ausmalungen – mit biblischen Szenen, die auf Wolken spielen, oder tiefblauen Firmamenten mit Myriaden von Sternen – verstärken noch den Eindruck, dem Betrachter würde ein Blick in den Himmel gewährt.

*Ein himmlisches Spektakel bietet die Kuppel des
Doms von Florenz, Italien.*

DIE BERÜHRUNG DES HIMMELS

Jersualem in mittelalterlichen Vor- und Darstellungen

Die Kathedrale berührt den Himmel. Sie begreift sich selbst sogar als Himmelsstadt. Den Menschen des Mittelalters war alles Sichtbare nur ein Hinweis auf das Unsichtbare, das Diesseitige nur eine Chiffre des Jenseitigen. Doch woher kommt die Interpretation, die Kathedrale als himmlisches Jerusalem zu verstehen, als Sinnbild nicht nur für den Himmel, sondern auch für die Stadt?

Unter dem himmlischen Jerusalem verstand man in verschiedenen Zeiten Unterschiedliches. Zunächst war es der festliche Saal der Gemeinde und die Triumphstraße zum Altar und Thron der Gottheit. In karolingischer Zeit dann wurde die Kirche zur Glaubensfestung, zur Gottesburg – die Einheit von *Regnum* (Königtum) und *Sacerdotium* (Priestertum) fand im Kirchenbau ebenso ihre Entsprechung wie jene hierarchische Ordnung der Gesellschaft, die in das Jenseits projiziert wurde und so ihrerseits eine sakrale Aura erhielt. Klerus und Adel errichteten in der Romanik mit den wuchtigen Kirchenbauten nicht nur Gotteshäuser, sondern auch Denkmäler – ihnen erschien das himmlische Jerusalem als Burg Gottes.

Engel auf blauem Grund, vom Gewölbe zur Mitte orientiert, ziehen die Blicke zwangsläufig himmelwärts.

Die heilige Stadt. Die Assoziation einer Burg ruft keine mittelalterliche Kathedrale hervor. Vielmehr nimmt das himmlische Jerusalem im gotischen Bauwerk eine neue Gestalt an: Es wurde zur Himmelsstadt, wie Johannes sie visionär in der Offenbarung beschreibt: »Und ich sah die heilige Stadt, das neue Jerusalem, von Gott aus dem Himmel herabgefahren, bereitet wie eine geschmückte Braut ihrem Mann ... Und es kam zu mir einer von den sieben Engeln ... Und er führte mich hin im Geist auf einen großen hohen Berg und zeigte mir die heilige Stadt Jerusalem herniederfahren aus dem Himmel von Gott, die hatte die Herrlichkeit Gottes. Und ihr Licht war gleich dem alleredelsten Kristall. Und

*Ein klassisches Himmelsgewölbe in
Santa Sopra Minerva, Rom, Italien*

Gewölbe der Kathedrale von Sevilla, Spanien

sie hatte eine große und hohe Mauer und hatte zwölf Tore und auf den Toren zwölf Engel und Namen darauf geschrieben, nämlich der zwölf Geschlechter Israels: von Morgen drei Tore, von Mitternacht drei Tore, von Mittag drei Tore, von Abend drei Tore. Und die Mauer der Stadt hatte zwölf Grundsteine und auf ihnen die zwölf Namen der zwölf Apostel des Lammes … Und die Stadt lag viereckig, und ihre Länge ist groß wie breit … Und ihre Mauer war aus Jaspis und die Stadt aus reinem Golde, gleich dem reinen Glase. Und die Grundsteine der Mauer um die Stadt waren geschmückt mit allerlei Edelgestein … Und ich sah keinen Tempel darin; denn der Herr, der allmächtige Gott, ist ihr Tempel, und das Lamm. Und die Stadt bedarf keiner Sonne noch des Mondes, dass sie ihr scheinen; denn die Herrlichkeit Gottes erleuchtet sie … Und die Völker werden wandeln in ihrem Licht; und die Könige auf Erden werden ihre Herrlichkeit in sie bringen. Und ihre Tore werden nicht verschlossen des Tages; denn da wird keine Nacht mehr sein« (Kapitel 21).

Wenn man so will, haben wir hier die erste visionäre Schau der Kathedrale vor uns. Mit einem Mal wird

Das Gewölbe der Kathedrale von Sevilla, Spanien, lässt den puren Stein erkennen; den Eindruck eines Himmels entsteht trotzdem durch die blauen Glasfenster.

klar, was die Architekten und Baumeister der Gotik wirklich wollten: diese Wirkung der himmlischen Stadt in ihrer Kathedrale erzielen. Jerusalem bietet den perfekten Symbolkosmos für alles, was man zum Ausdruck bringen wollte. Nach mittelalterlicher Vorstellung hatte Jerusalem verschiedene Bedeutungsgehalte: die Stadt, in der Jesus Christus seine Passion erlitt. Die Urgemeinde in bildhaftem Sinn. Das ideale Staatswesen. Aber Jerusalem – auch gleichbedeutend mit der Kirche – stand in besonderem für das ewige, himmlische Leben, das Paradies.

Die Kunst, den Himmel zu berühren. In der mittelalterlichen Ikonographie gilt stets das Gesetz des *pars pro toto:* Jeder Teil steht für das Ganze. Und so ist es kaum zu übersehen, dass die Kathedrale als Abbild der himmlischen Stadt angelegt ist: Sie ist auf festen Mauern gegründet, ihre Tore stehen weit offen, die Türme bieten Sicherheit. Nicht selten wird sogar die in der Offenbarung des

Deckengemälde in der Kapelle von Santa Maria del Carmine, Florenz, Italien

DIE BERÜHRUNG DES HIMMELS

Johannes genannte Dreizahl der Portale an West- und Querhausfassaden realisiert. Die Engel der himmlischen Heerscharen werden als steinerne Hüter der Stadt auf Säulen gestellt, ganz so, wie es der Prophet Jesaja schreibt: »O Jerusalem, ich habe Wächter über deine Mauern bestellt, die den ganzen Tag und die ganze Nacht nicht mehr schweigen sollen« (62,6). Die zahlreichen Wimperge gleichen den Giebeln der Stadthäuser, unter Baldachinen und in Nischen finden die Heiligen ihren Platz. Hier ist auch der Ort der Passion Christi: In Statuen, Reliefs und Glasmalereien wird sie anschauliche Gegenwart.

Die Kathedrale steht zwar mitten in einer realen Stadt, aber sie hat universale Bedeutung, weil sie jegliche historische und lokale Gestalt übersteigt, weil sie eben auch Jerusalem, diese Himmelsstadt ist. Goldglänzend sind ihre Mauern, edelsteinfunkelnd und kristallgleich ihre gläsernen Wände, bräutlich geschmückt ist das ganze Haus, stets voller Erwartung. An der *Porta coeli*, der Himmelspforte, werden die Gläubigen von Christus selbst, der Madonna, den Aposteln und den Heiligen erwartet. Die Portale laden zum Eintreten ein, denn »Jerusalem ist gebaut als eine Stadt, in der man zusammenkommen soll« (Psalm 122,3).

So ist die Kathedrale eine Allegorie der Kirche, gegründet auf dem Alten Bund, getragen von Säulen und Pfeilern wie von den

Himmelsszene in der Kuppel der Madonna in Pompeji, Italien

Propheten und Aposteln, mit Christus als dem Schlussstein. Wie Ernst Ullmann jeder Form, im Großen wie im Kleinen, seine Bedeutung zuweist: »Die von Sternen übersäten Gewölbe, leuchtende Wände, überirdisches Licht, Farbe und Kostbarkeit der Ausstattung, die Vereinheitlichung und Durchsichtigkeit des Hauptraumes, die großen Zahlenordnungen, das kristallhaft Klare, das Schweben, das Sonnenfenster, die *porta coeli* – all dies zusammen gibt ein sinnenhaftes Bild des Himmels in der Gestalt der Himmelsstadt, das himmlische Jerusalem. Die großen Bildzyklen, die plastischen wie die der Glasfenster, ergänzen es. Geistliche Musik und Liturgie fügen sich dem Bilde ein, gleichsam als Abglanz himmlischer Musik und einer himmlischen Liturgie.«

Schaue in den Himmel, berühre ihn – diese Aufforderung scheint die Kathedrale auszusprechen. Die spirituelle Phantasie wird hier gleichsam entzündet, kamen doch Pracht und Glanz und nicht zuletzt die stets unmittelbare Wirkung alles dessen, was es zu sehen und zu erleben gab, dem Schaubedürfnis der städtischen Bürger besonders entgegen. Hier wurden ihnen die Pforten geöffnet, und schritten sie durch die Tore, ließen sie ihren beschwerlichen Alltag, alle Not und alle Sorgen hinter sich. Hier wurde ihnen ein Blick in den Himmel gewährt. Nirgendwo sonst konnten sie sich ihm näher fühlen.

DER RING DER ZEIT

DER RING DER ZEIT

Das Ewige Licht. Nach all dem Glanz und Licht in der Kathedrale fällt es besonders auf, obwohl es unscheinbar im Altarraum oder über dem Eingang zur Sakristei leuchtet: eine kleine Flamme, die immer zu brennen scheint. Und tatsächlich: Das Ewige Licht erlöscht nie. Selbst wenn alle Lichter ausgegangen sind und nur der Mond seinen blassen Schein durch die Fenster schickt, flackert das kleine Licht der Ewigkeit in der Dunkelheit.

Wie alles in der Kathedrale ist auch diese Fackel von symbolischer Bedeutung. Sie erinnert daran, dass im christlichen Glaubensverständnis der Tod nur ein Durchgang ist zu einem ewigen Leben der Seele. Sie kündet von der nie erlöschenden, immerwährenden Liebe Gottes, die keine Dunkelheit vertreiben kann und kein Unheil jemals ausgehen lässt.

Das Ewige Licht ist das kleinste Symbol im großen Kirchenraum. Es ist eine Mahnung, aber auch eine Verheißung. Wir alle kennen die Redewendung, dass jemandem das Licht ausgeblasen wird, wenn er stirbt. So steht das Ewige Licht auch für das Ewige Leben – und manifestiert damit die christliche Vorstellung von einem unendlichen Ring der Zeit.

Die lebendige Erinnerung. Es ist keine leere Redewendung, zu sagen, dass die Kathedrale, so monumental und in steinerner Ewigkeit sie vor uns steht, sich doch immer wieder verändert. Denn im Lauf des kirchlichen Festkreises öffnet sie sich immer neuen Vergegenwärtigungen des Gedächtnisses Jesu und des Glaubens. Diese Erinnerung ist so lebendig und groß, dass die Gemeinde auch in der Kathedrale Leben, Sterben und Auferstehung Jesu stets von neuem feiert. Obwohl die »Domgemeinde« oft nur wenige Glieder zählt, sich die Gläubigen – bis auf die Weihnachts- und Osterfeier – im weiten Kirchenraum bisweilen verlieren, ist die Gemeinde auch hier eine Gemeinschaft von Menschen, die den Kreislauf der Zeit als Auftrag zum Heilwerden der Welt und des

Turibulum (Weihrauchfass) in der Marienbasilika
von Kevelaer, Deutschland

eigenen Herzens zu begreifen versuchen. Im Kirchenjahr ist noch etwas aufbewahrt von der paradiesischen Vertrautheit des Anfangs, von der Geborgenheit im Ring der Zeit.

Das Kirchenjahr entfaltet auch in der Kathedrale seinen ursprünglichen Zauber. Es eröffnet uns Räume besonderer Zeiterfahrung, es strukturiert unser Erleben, es deutet unsere Erfahrungen mit Christus. In diesen Räumen sollen messianische Freude und Hoffnung erfahrbar werden. Darin liegt eine Verheißung, die nicht nur beschworen, sondern gelebt sein will. Öffnen wir uns dieser Verheißung, wie sie in der Kathedrale sichtbar lebt, bleibt Christus in der Mitte seiner Gemeinde und aller Menschen lebendig.

Osterprozession auf den Kanarischen Inseln, Spanien

DER RING DER ZEIT

Maria Magdalena und der Fuß des Gekreuzigten

Der Zauber des Wiederkehrenden. In der Kathedrale sind Fest und Feier – auch im religiösen Brauchtum, dem alt überlieferten und neu entdeckten – beheimatet. Im Rhythmus des Kirchenjahres prägen viele Feste und Bräuche das Leben dieses Gotteshauses, zum Beispiel der Advent, die Zeit der Erwartung; die Menschwerdung Gottes an Weihnachten; Epiphanias, das Fest der Heiligen Drei Könige; das Leiden, Sterben und die Auferstehung des Herrn in der Passionszeit und an Ostern; die Ausschüttung des Geistes an Pfingsten und selbstredend all die Gedenktage der Heiligen. Hier findet der Glaube Gestalt, immer wieder und immer wieder von neuem. Anlässlich der Feste Brauchtum wieder brauchbar zu machen, kann eine Hilfe sein, den Glauben zu erschließen, wie er in einer bestimmten Region, einer bestimmten Stadt – wie die Kathedrale sie repräsentiert – Ausdruck gefunden hat.

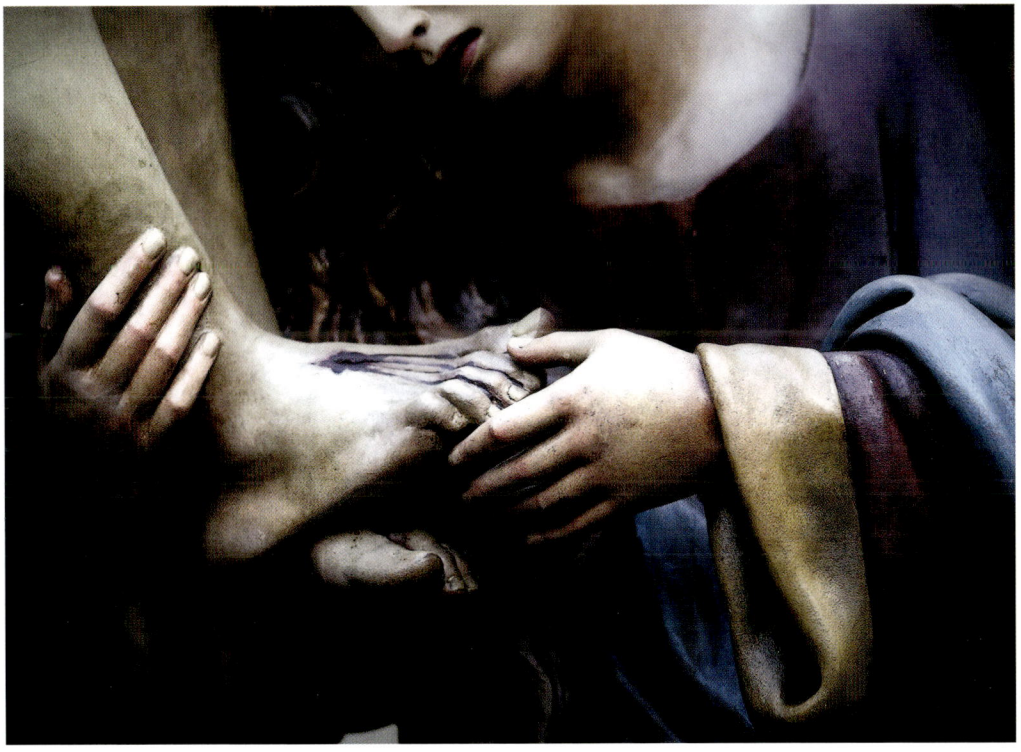

DER RING DER ZEIT

Religiöse Rituale, Zeremonien und Liturgien sind unverzichtbar zur Sinndeutung des Lebens und der Geheimnisse des Glaubens. Ohne sie wird die Kathedrale zu einem Museum, zum Anschauungsobjekt, zu einem erratischen, oft als Fremdkörper empfundenen Monument. Sie steht mitten in der Stadt und gehört doch nicht mehr zum modernen Leben. Sie ist in der Hektik des Alltags ein Mahnmal, unbequem vielleicht und faszinierend noch, jedoch ohne nennenswerte Ausstrahlung auf die Gesellschaft.

Das Kirchenjahr mit seinem reichen Kalendarium an Festzeiten und Zäsuren im Alltag ist für die Kathedrale auch deshalb von großer Bedeutung, weil es im Grunde ein immerwährender Ring der Zeit ist. Jedes Fest, jedes Ritual, jede Vergegenwärtigung repräsentiert einen anderen Aspekt, eine andere Facette des großen Erlösungsgeschehens, das die Kathedrale *in summa* zum Ausdruck bringt. Über die Jahre hinweg soll sich der Eindruck von der Gestalt Jesu einprägen, wie sie im Gang des kirchlichen Festkreises immer neue Korrelationen hervorbringt und deren Erinnerung so groß sein kann, dass man das Leben und Sterben Jesu wieder und wieder feiert. In den Feiern füllt die Gemeinde die Kathedrale mit Leben: Natürlicher Jahresverlauf und spirituelle Feste, Heilsgeschichte und Festfreude werden stets aufeinander bezogen. Das Bilderbuch des Glaubens wird an einer immer wieder neuen Stelle aufgeschlagen, so dass der Glaube selbst – durch das Ansprechen aller Sinne und Kräfte des Menschen – auch stets mehr ist als die Summe seiner einzelnen und vielleicht auch beliebig vereinzelten Teile: sinnliche Kristallisationspunkte religiösen Erlebens.

Jedes Fest hat ein Grundthema, eine Grundfarbe, eine Grundaussage. Meistens gipfelt das Grundthema in der sinnlichen Vergegenwärtigung einer symbolischen Handlung in diesem mit Symbolen so überreichen Raum, zum Beispiel das Anzünden der großen Osterkerze in der Osternacht, in einer »spielerischen«, rituell ausagierten Geste. Die Fülle der Bilder, welche die Kathedrale

Der auferstandene Christus und die Apostel: Das Glasfenster aus dem Jahr 1895 in der Kirche von Alsemberg in der Nähe von Brüssel, Belgien, thematisiert das Pfingstgeschehen.

anbietet, führt dann konsequent vom Exemplarischen zum Fundamentalen, zum Einzelnen zur Ganzheit.

Wir haben uns daran gewöhnt, die Pracht und die Sinnlichkeit, in der sich die katholische Kirche vor allem in ihren Kathedralen über Jahrhunderte hinweg dargestellt hat, mit einiger erprobter Skepsis abzuwehren. Viele Kirchen, die stilistisch nicht in der imposanten, aber kühlen Struktur der Gotik verharrten, sondern an denen auch der Barock mit seiner lebensfrohen ausladenden Feslichkeit mitgebaut und mitausgestattet hat, stehen visuell so gar nicht mehr im Einklang mit unserem nüchternen Zeitalter, in welchem wir den Zauber durch eine allgegenwärtige Rationalität und

Kapelle im St. Veits-Dom, Prag, Tschechien

DER RING DER ZEIT

Nüchternheit verdrängt haben. Die Kirche hat sich jedoch seit jeher – gegen die Beanspruchungen der durchorganisierten Welt – auch als eine Heimat für die schöpferische Feier des Lebens verstanden. So hat auch die Kathedrale als ihr »größter Raum« die großen Verheißungen in sinnfälligen Zeichen und Bildern immer wieder gefeiert. Sie hat Erinnerungen des Heils festgehalten, als später der technisch-wissenschaftliche Fortschritt gnaden- und mitleidlos über sie hinwegstürmte. Sicherlich hat es auch viel Anpassung, viel *aggiornamento* gegeben, aber Gedächtnis und Tradition blieben ihre unverrückbaren Eckpfeiler, welche Spuren die Zeit auch immer in der Kathedrale zurückgelassen hatte.

Der Gegenentwurf. Es gibt ein konfessionelles Lebenskolorit, das der religiösen Herkunft jedes Menschen einen unverwechselbaren Stempel aufdrückt, von vielen aber mit den Jahren des Erwachsenwerdens abgestreift wird wie eine lästig gewordene und als unpassend empfundene zweite Haut. Wo das konfessionelle Lebenskolorit mit der Zeit verdunkelt oder verblasst, verschwindet aber nicht nur nach und nach die vielleicht fragwürdige Überladenheit der kirchlichen Selbstdarstellung, sondern auch die Präsenz von Sinnlichkeit und Emotionalität des religiösen Ausdrucks überhaupt.

Die Liturgiereformen des vergangenen Jahrhunderts sind trotz vieler begrüßenswerter Erneuerungen des liturgischen Geschehens (zum Beispiel gestraffte Abläufe, Konzentration auf das Wesentliche) ein beredtes Beispiel dafür, wie durch die allmähliche Zerstörung der Sinnlichkeit und des symbolischen Ausdrucks der Religion auch die Kühle, die Wortüberladenheit, die Distanz und die affektive Verarmung in Gottesdienst und Fest zugenommen haben. Vieles ist bei der Durchrationalisierung der Liturgie und des Festkalenders in die Vergessenheit abgedrängt worden, anderes wirkt heute unverständlich, weil sich in ihm kein Sinn mehr öffnet.

Die Kathedrale wirkt hierzu wie ein kolossaler, erratischer Gegenentwurf – sie behauptet etwas, das wir auf den Altären der

Kathedrale Notre Dame, Montreal, Kanada

DER RING DER ZEIT

Vernunft zum Opfer gebracht haben, jedoch als konstitutiv für den Glauben empfinden sollen: das Bezwingende und Überwältigende, uns himmelwärts Ziehende und Entrückende. Die Kathedrale als ein Wechselspiel von gegenständlichen Symbolen und sinnlichen Interaktionsformen zu begreifen, dafür scheint vielen Menschen heute das Verständnis, aber auch die Einfühlung zu fehlen. Die Lust an Gott und seiner Sache – in diesem Kirchenraum sinnfällig inszeniert – wird immer dürftiger und blutleerer. Dabei könnten wir bei jedem Besuch einer Kathedrale etwas wiederfinden: die Idee, dass der Glaube nicht zur »Kirche der Buchhalter« verkümmern darf, die Vorstellung, nicht in irgendeinem riesigen leeren Gemäuer zu stehen, sondern an einem Ort wachsender Freiheit und eschatologischer Hoffnung.

Luminale im Dom zu Frankfurt am Main, Deutschland

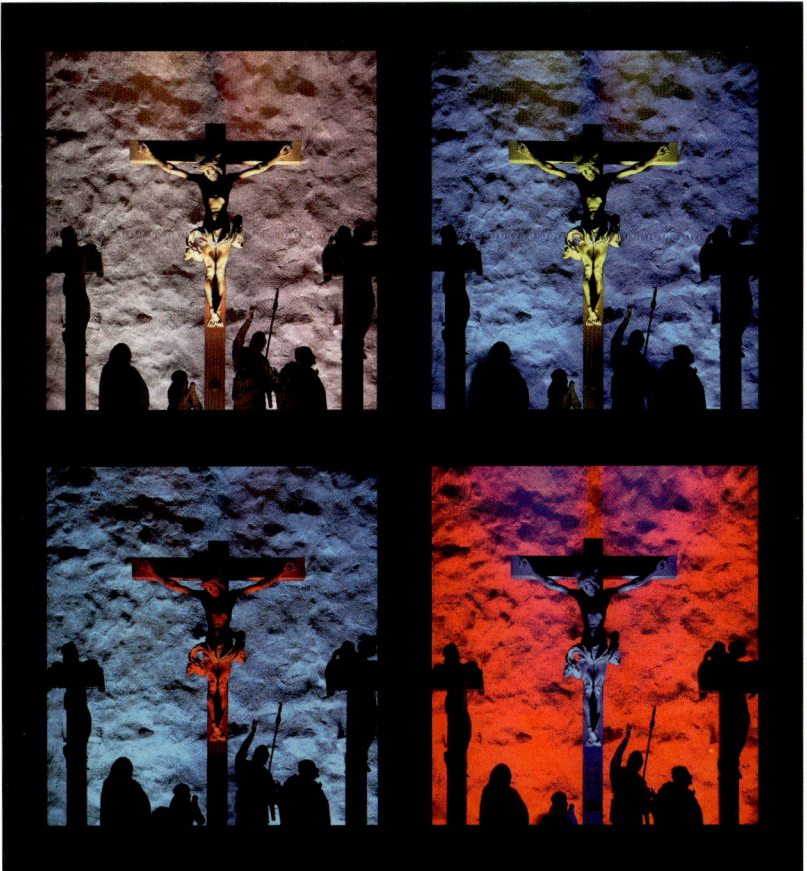

Im religiösen Kalendarium, diesem Rhythmus von Alltag und Fest, findet der christliche Glaube den Ausdruck seiner Mitte und Tiefe: Die »Heilsgeschichte« ist das Szenarium der verschiedenen Versuche, das Leben zu feiern: als Gottes Geschichte mit den Menschen und als Geschichte der Menschen mit ihrem Gott. In dieser Jahr für Jahr lebendigen Vergegenwärtigung kommen die Farben, die Stimmen und die Atmosphäre der christlichen Religion zum Vorschein. Die Kathedrale dient daher im Besonderen der Vergewisserung der *Gestalt* des Christentums in unserem Geschichtsraum, seines religiösen Profils, seiner inneren Ordnung. Nicht ohne Grund (und nicht ohne Hintergründigkeit) ergibt sich durch die Abfolge der beiden zentralen Festfolgen des Kirchenjahres, der Weihnachts- und der Osterzeit, ein Kreis, der wie eine Uhr gelesen werden kann. Wer dieser Uhr folgt, geht gleichsam in den Spuren Gottes. Er findet immer wieder von neuem seinen Bezug zur Gottesgeschichte.

Der Raum der Symbole. Was auch immer in der Kathedrale gefeiert wird, welches Jesus-, welches Marien- und welches Heiligenfest, es zeigt Gottes Spuren in dieser Geschichte. Spuren in Symbolen, möchte man sagen. Im Symbol drückt sich Unanschauliches (zum Beispiel die Liebe) sichtbar aus (zum Beispiel in einem Ring). Es repräsentiert in der Verknüpfung von Sinnbild und Bildsinn eine vielschichtige und bedeutungsreiche Wirklichkeit.

Darum muss, wer die Kathedrale verstehen, besser: erleben will, diese Symbole lesen lernen. Zum Symbol kann grundsätzlich alles werden, was über sich selbst, über sein eigentliches Wesen hinausweist. Natürlich tragen – statisch, also wissenschaftlich-rational gesehen – die Säulen das Gewölbe der Kathedrale. Aber sie sind eben auch ein Symbol, als Pfeiler des Himmels. Natürlich ist das Spiel des Lichts in den Glasfenstern ein Schau-Spiel von ergreifender Schönheit. Aber es ist eben auch ein Symbol, als Abglanz Gottes. Symbole sind spezielle Erscheinungs- und Ausdrucksformen (Repräsentanten), die etwas zu verdeutlichen suchen, was mit rein rationaler Begrifflichkeit nicht zu erfassen ist. Sie können Ganzheit schaffen und erlebbar machen, die einmal wesensmäßig in den Erfahrungen von Menschen bestand oder besteht. In ihnen spiegelt sich die subjektive und kollektive Erfahrung von Transzendenz, die über das Symbol erst mitteilbar wird.

Die Kathedrale ist ein geradezu proliferativer, wuchernder Symbolraum. Verschwenderisch setzt sie die Akzente, die den Einzelnen wie die Gemeinde ansprechen: in der Sprache (Gebet, Glaubensbekenntnis), im Brauchtum (Prozession, Kreuzweg, Wallfahrt), in der Liturgie (Gebärde, Weihe, Segen, Lied), in Symbolzeichen (Kerze, Licht, Wasser, Brot und Wein) und nicht zuletzt in den künstlerischen Ausdrucksformen (Bilder, Plastiken, Architektur, Musik). Im besten Fall kulminieren, verdichten sich die Symbolwelten zu einer einzigartigen Erfahrung, zu einem Erleben, das alles Begreifen und In-Worte-Fassen übersteigt.

Die Symbolik der alten Kathedralarchitektur kannte noch die Orientierung auf das Heilsgeheimnis hin. Himmel und Erde waren miteinander verbunden, die Symbole des in der Mitte stehenden Altars, des Paradieses, des Mittelschiffs und der Seitenschiffe, des Kreuzes, der Kuppel (als Himmelsdach), des Lichtes waren unübersehbare Hinweise auf diese Ordnung, in welcher nicht der Mensch im Mittelpunkt stand, sondern der kosmologische Zyklus mit Gott als dem Schöpfer.

Vieles von dieser Symbolsprache ist verloren gegangen oder nicht mehr verständlich. Auch der Jahreskreislauf gibt nicht mehr das Gefühl von Geborgenheit in der Geschichte, das Bewusstsein, vom Geborenwerden bis zum Sterbenmüssen in die Zeit eingebunden zu sein. Er ist weitgehend nicht mehr das Metrum, an dem sich unsere Zeitvorstellungen und -erfahrungen messen.

In der Kathedrale jedoch schlägt das Herz des Glaubens noch in diesem Takt. Sie ist mehr ein Bilder- als ein Sprachraum, mehr Mythos als Logos.

*Kathedrale La Seu, Palma de Mallorca,
Spanien*

DER RING DER ZEIT

Doch wie lassen sich ohne mythische Sprache, ohne Verwendung einer mehrdimensionalen Symbolik religiöse Erfahrungen überhaupt noch mitteilen? Eine von Mythen gereinigte Welt wird langweilig, weil oberflächlich und dürr. Erst da, wo sich eine mythische Bildsprache anbietet, kann Existenzdeutung möglich werden, können sinnstiftende Geschichten erzählt, beziehungsreiche Bilder geschaut und erlebt werden.

Die Kathedrale gibt der symbolischen Sprache sozusagen einen geschützten Raum, der Nähe und Vertrautheit stiftet, Gewissheit ausstrahlt – einen Raum, in dem sinnliche, liturgische, rituelle Handlungen möglich und mitteilbar sind. Das Segnen mit geweihtem Wasser, die Umarmung, die dargebotene Hand zur Versöhnung, das Knien, das Kreuzzeichen über dem Brot, das Anzünden einer Kerze, das Stehen in der Fülle von Licht und Farbe, der erst sich öffnende, dann sich auf das innere Erleben konzentrierende Blick – das alles sind zwar im üblichen Verständnis recht nutzlose Gesten, aber sie sind sinnlich und symbolisch zugleich. Alle diese Gesten sind aber auch leicht zerstörbar, weil sie im christlichen Horizont ohne eine tiefe, innere und emotionale Beteiligung, ohne Religion, ohne ein Bewusstsein dessen, »was uns unbedingt angeht« (Paul Tillich), nicht denkbar sind.

Die innere Ordnung. Weit gefehlt wäre es daher, in der »geronnenen Symbolik«, im »feststehenden Ritual« eine gewisse Zwangsläufigkeit, eine standardisierte Schablonenhaftigkeit erkennen zu wollen. Die Kathedrale will und schafft genau das Gegenteil: Sie zielt auf den Menschen, der in ihr mit klopfendem Herzen, mit wachen Gefühlen steht. Sie will mit ihm reden. Sie will ihn in ihren Bann ziehen. Es ist eine Kommunikation, eine Interaktion, ja Kommunion, auf die der Mensch mit sich selbst, mit seiner Erfahrung antworten soll. Da steht nicht nur ein großer Bau einem kleinen Menschen gegenüber, sondern da umfängt er ihn, lässt er ihn sprechen, träumen, sehnsüchtig werden. Der Besucher der

Mariendom, Linz, Österreich

DER RING DER ZEIT

Kathedrale entdeckt hier die Spuren des »ganz anderen«, indem er nach und nach die Gefühle der Langeweile, der Leere, der erfahrenen Absurdität ablegt, die ihn in seinem Alltag so oft gefangen halten, und sich der »inneren Ordnung« als Maß aller Dinge öffnet. Er sieht das Gewölbe über sich – und er blickt geradewegs in den Himmel. Es ist nicht der Himmel draußen, es ist der Himmel innen – der Himmel, wie er eigentlich gemeint ist. Es ist ein symbolischer Himmel, eine Ahnung dessen, was ihn erwartet. Eine Steigerung des Lebens in jeder Richtung. Ein Übersteigen dessen, was für ihn normal und gewöhnlich ist. Eine Erfahrung mit anderen Möglichkeiten. Die Kathedrale bewirkt dies alles: die Öffnung und die Richtung des Blicks, das Blenden und das Schließen der Augen. Das Staunen und das Innewerden. Das Gelöstsein und das Sich-Sammeln.

Das Empfinden einer anderen Zeit. Wer eine Kathedrale betritt, fällt aus der Zeit. Buchstäblich. Er wähnt sich – ist er nur erst durch die große Tür gegangen – in einem anderen Zeitalter, da Mönche noch Choräle sangen und Menschenmassen sich von mystischen Predigern begeistern ließen. Er steht auf historischem Grund, er steht auf und mitten in einer Geschichte. Ein »stilles Rauschen« umgibt ihn, es riecht nach Stein und Weihrauch und einer unbestimmbaren Kühle. Das, was »draußen«, in seiner Zeit Rang und Geltung beanspruchte, ist hier außer Kraft gesetzt. Hier scheinen andere Gesetze zu gelten und zu regieren.

Jede Kathedrale so gesehen und erlebt, gleicht einer Zeitreise. Doch keine Zeitmaschine expediert den Besucher ins Mittelalter, die Kathedrale steht nicht in einem Themenpark, wo man sich für ein paar Münzen einen Ausflug in andere Welten kaufen kann. Sie überwältigt den Besucher mit ihrem ganz eigenen Rhythmus. Sie zieht ihn in ihren Bann.

DER RING DER ZEIT

Zunächst dominiert der Eindruck, die Zeit sei stehen geblieben. Es ist alles aus uralten Zeiten, was den Besucher umgibt. So kommt es, dass wir in der Kathedrale eine gewisse »Ungleichzeitigkeit«, eine Art »Verspätung« spüren. Unverrückbar stehen die steinernen Figuren an ihren Säulen, erstarrt ist die segnende Hand des Heilands, wie im Flug festgefroren scheinen die Engel. Doch so »festgehalten« die Bewegung, so deutlich auch das Gefühl, dass die Uhren hier anders gehen. Hier gibt kein Zeitmesser den Takt vor, keine Uhr ist zu sehen, kein Uhrwerk zu hören.

In einer Kathedrale ist man aus der Zeit gefallen. Die »äußere Uhr«, welche die Tageszeit präzise bis auf die Sekunde quarzgesteuert angibt, der Terminkalender, der Leben vorschreibt und zersplittert, die Rechner und Maschinen und Instrumente, die den Takt der Arbeitswelt strukturieren – das alles hat hier keinerlei Bedeutung. Hier scheint nicht weniger als die Ewigkeit das Zeitmaß zu sein. Und so kann das erste, das beunruhigende Gefühl sein, dass einem die Zeit, in der alle Erfahrung auf eine Schöpfung und einen natürlichen Kosmos bezogen war und von ihnen her ihren Sinn erhielt, unwiderbringlich verloren zu sein scheint. Im gravierenden Sinndefizit des normalen Zeiterlebens zählt ja nur die Gegenwart, die wir nie zu fassen bekommen. Vergangenheit wird zur abgetanen, bedeutungslosen Sache, Zukunft zu einer diffusen Erwartung, auf die viele nur mit Angstgefühlen reagieren können.

Auch in der Kathedrale steht ein »gegenwärtiger Mensch«, aber er kann sich hier nicht ohne Vergangenheit verstehen und richtet seinen Blick auf die Zukunft. Die Zeiger seiner »inneren Uhr« sind nicht verbogen oder gar abgebrochen, er muss nicht auf Knopfdruck funktionieren. Er ist in einem ganz umfassenden und seltsamen Sinn frei. Nicht mehr eingebunden in Produktionsprozesse, nicht mehr gezwungen, fortlaufend die sinnentleerten Rituale des Alltags zu wiederholen, nicht mehr bis zum äußersten beansprucht und fixiert auf das Machbare. Nicht mehr dem Mechanismus ausgeliefert, der mit unsichtbaren Zeigern alle und alles antreibt und bewegt.

Das andere, neue oder – je nachdem – auch alte Zeitempfinden unterbricht das bloße Funktionieren, die Reduktion auf das Diktat des Machbaren. Hier, in der Weite und Stille der Kathedrale gilt es nicht länger, ist es außer Kraft gesetzt, das Abspulen des Lebens ohne Sinn und Halt, der Rückzug in die vorfabrizierten und ausgestanzten Erfahrungsmuster oder in den besinnungslosen Konsum. Hier bahnt sich eine Sehnsucht nach Umkehr aus dem verplanten und verdürftigten Leben an, das christliche Tradition »ohne Gott sein« genannt hat. Die Zeit, so wird erlebbar, ist eben nicht machbar, sie ist Ausdruck einer gegebenen Ordnung. Hier spürt man die Zeit in ihr ursprüngliches Recht gesetzt, bekommt man offene Sinne für die Zeichen der Zeit, die Zeichen des Heils. Hier ist noch etwas zu erleben von der paradiesischen Geborgenheit des Anfangs, von der Geborgenheit im Ring der Zeit mit seinem Schutz und seiner Schönheit.

DAS SYMBOL DES KREUZES

DAS SYMBOL DES KREUZES

Die Erlösung. Da die Kathedrale so etwas wie das symbolische Lebensbuch Jesu Christi ist, seine Bild und Stein gewordene Biographie, wird dem »Erlösungswerk« des Heilands ein besonders großer Stellenwert eingeräumt. Der christliche Glaube erkennt im Leiden und Sterben Christi sowie in seiner Auferstehung die letzte, große, einzigartige Erlösungstat des Gottessohnes. Entsprechend dominant und unübersehbar sind die bildlichen Vergegenwärtigungen dieser Erlösungstat, vor allem im Kreuzzeichen, im Kreuz und im Kreuzweg.

Das Kreuzzeichen. An den Innentüren der Kathedrale empfängt den Gläubigen ein Weihwasserbecken, in das er die zwei Finger taucht, mit denen er sich »bekreuzigt«. Im Zeichen des Kreuzes, im ostentativen Bekenntnis seiner Zugehörigkeit zur Glaubensgemeinschaft soll der Gläubige die Kirche betreten. Das Kreuzzeichen ist ein sinnlich ausdrucksstarkes Bekenntnis zu Jesus Christus – in all seinen verschiedenen Formen (Segensgeste, »kleines Kreuz« auf Stirn, Lippen und Brust, »großes Kreuz« über den Oberkörper) für den Christen eine der tiefsten und bedeutungsvollsten Gesten. Er bekennt damit seinen Glauben an den dreifaltigen Gott (Vater, Sohn und Heiliger Geist) und die Erlösung durch ihn. Das Kreuzzeichen ist aber auch ein ständiges Erinnerungszeichen seiner Taufe, in der er durch das Kreuz Christi wiedergeboren wurde, wie es der Brief des Apostels Paulus an die Römer in Erinnerung ruft: »Oder wisst ihr nicht, dass alle, die wir auf Christus Jesus getauft sind, die sind in seinen Tod getauft? So sind wir ja mit ihm begraben durch die Taufe in den Tod, damit, wie Christus auferweckt ist von den Toten durch die Herrlichkeit des Vaters, auch wir in einem neuen Leben wandeln. Denn wenn wir mit ihm verbunden und ihm gleich geworden sind in seinem Tod, so werden wir ihm auch in der Auferstehung gleich sein« (Römer 6, 3-5).

*Die harten Formen des Kreuzes kontrastieren
die Raumdynamik, die durch spitze Bögen und
Rundgewölbe hervorgerufen wird.*

Kreuz und Krone: Besiegt ist der Tod, beherrscht wird die Welt.

DAS SYMBOL DES KREUZES

Beim Kreuzzeichen berührt die Hand den Körper vier Mal – und jede Berührung hat ihre eigene Bedeutung:
Stirn: Glaube an den Vater und den Ursprung der Schöpfung.
Brust: Glaube an die Menschwerdung Gottes in Jesus Christus.
Hand von der einen Schulter zur anderen: Glaube an den Geist und die Liebe.

Das Kreuz ist das zentrale, oft übergroße Symbol im Glaubensraum der Kathedrale. Es hängt über dem Messaltar (es sei denn, die Kirche ist Maria geweiht, dann befindet sich dort zumeist das Bild der Madonna) oder an einem anderen augenfälligen Ort, es ist präsent wie kein anderes Zeichen. Warum ein solches Zeichen des Scheiterns, der Niederlage an solch prominenter Stelle? Warum ein Bild des Schmerzens und des Leidens an einem Ort des Festes und des Triumphs?

So paradox es klingt und wohl auch ist: Mit dem Kreuz endet nicht die universale Herrschaft Gottes, sondern sie beginnt mit ihm. Die »Gestalt« dieser Herrschaft trägt nicht die Züge des triumphierenden Siegers, sondern die des Geknechteten im Erleiden aller Verhängnisse der menschlichen Geschichte. Keine Frage: Am Kreuz schreit Jesus seinen Schmerz, klagt er seinen Vater an, er habe ihn verlassen, erleidet er das bitterste Ende. Wie es die Propheten vorausgesagt hatten, wird die Gestalt des leidenden Gottesknechts zur alles offenbarenden Einsicht: Dieser Knecht bricht kein angeknicktes Rohr und löscht keinen glimmenden Docht (Jesaja 42,3). Dieser Knecht bietet seinen Rücken dem Schlagenden dar. Er ist verachtet, leiderfahren, ein Mann der Schmerzen. Er gibt sein Leben hin, um das Leben aller zu gewinnen. Diese prophetischen Hinweise auf den Zusammenhang von Schöpfung und Befreiung in der Gestalt des leidenden Gottesknechts sind für die

Einen beherrschenden Platz nimmt das Kreuz ein, das im Regensburger Dom, Deutschland, aufgestellt wurde; bisweilen wird es flankiert von der Figur eines Bischofs, Stifters oder weltlichen Herrschers.

christliche Theologie in der Gestalt des Propheten aus Nazareth konkret geworden. Jetzt wird die Verborgenheit Gottes offenbar: Gott lebt in Kosmos und Geschichte nicht als Herr, sondern als Knecht, nicht als Sieger, sondern als Geschlagener, der sich hingibt bis zum Tod am Kreuz, diesem gefürchtetsten aller Symbole, mit dem weltliche Macht in unmenschlicher Folter Exempel statuiert.

So ist das Kreuz Provokation und Ärgernis, aber auch Herausforderung und Hoffnungszeichen. Denn in der Hingabe Jesu am Kreuz wird der Mensch und der Kosmos neu geschaffen: Im osterjubelnden Frühling wird die Erde neu, in der Taufe wird der Mensch neu, erhält er das Recht, ein anderer zu werden, überwindet er die Vergänglichkeit. Er wird frei von der Sünde, frei für Gott und seinen Frieden.

Nicht Mitleid will das Kreuz wecken, sondern Mitdenken. In den Seitenschiffen oder in einem separaten Kreuzgang spricht der Kreuzweg mit den verschiedenen Stationen des Leidensweges Jesu die Einladung aus, diesen Weg »nachzugehen«: in der sogenannten Kreuzwegandacht, die bewusst etwas nachzuvollziehen sucht, was ohne Beispiel ist.

*Eine der vierzehn Stationen des Kreuzwegs:
Veronika reicht Jesus das Schweißtuch.*

DAS SYMBOL DES KREUZES

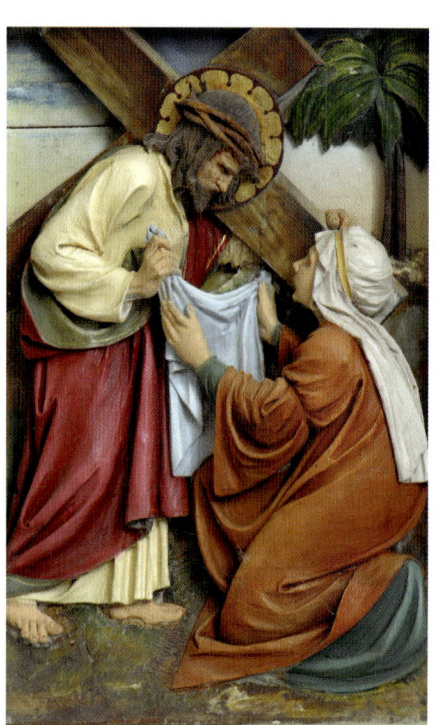

Erst im Mittelalter kam die Kreuzwegandacht als szenische Vergegenwärtigung des Leidensweges Jesu auf. Sie hat ihren Ursprung in Jerusalem selbst, wo die Christen den Kreuz-Weg vom Haus des Pilatus zum Kalvarienberg (dem Ort der Kreuzigung) nachgehen. Die Zahl der Stationen ist unterschiedlich – biblisch belegt sind nur neun, die in der katholischen Kirche übliche Zahl liegt bei vierzehn. Pilger brachten die Kreuzwegandacht ins Abendland; erst später fanden die Kreuzwegdarstellungen Eingang in Kathedralen, Kirchen und Kapellen.

Eindrucksvolle und zugleich leicht nachvollziehbare Stationsbilder laden zur Meditation und zum Gebet ein. Wie die Krippe den Anfang des Lebensweges Jesu symbolisiert, so veranschaulicht – zum Teil in recht drastischen, realistischen Darstellungen – der Kreuzweg dessen Ende.

Passion im Wortsinn (lateinisch *patior* = ich leide) bedeutet Leiden und bezeichnet die Leidensgeschichte Jesu. Der Tod Jesu war für seine Anhänger ein schwieriges Problem: Resignation ergriff die Jünger, weil sich die Erwartungen, die man an Jesus herangetragen und die dieser auch selbst geweckt hatte, mit seinem Tod am Kreuz scheinbar zerschlagen hatten. Aber auch die Ostererfahrungen stellten die Jünger vor ein Problem: Wie konnte man andere zum Glauben an den von Gott auserwählten Messias und Erlöser bringen, wenn ihn sein Sterben anscheinend als einen von Gott Verlassenen oder gar Verfluchten auswies?

Ornamentale Kreuzformen: Vergleicht man sie mit den Grundrissen von Kathedralen, kann man eine verblüffende Ähnlichkeit feststellen; oft ergeben die Grundrisse von Langschiff und Querhaus die Form eines Kreuzes.

Szene der Kreuzigung auf dem Kalvarienberg

Wollte man nun den Tod Jesu nicht verschweigen (womit natürlich auch die Auferstehungsbotschaft hinfällig geworden wäre), so musste dieser Weg als von Gott von Anbeginn an gewollter und vorgezeichneter, ja im Grunde vom Alten Testament schon vorausgesagter Weg dargestellt werden: Jesus ist nicht allein Opfer, sondern er hat das Leiden freiwillig auf sich genommen; sein Tod ist nicht Schicksal oder Konsequenz der Gottverlassenheit, sondern Erfüllung und Zeichen seiner Messianität. Mit immer neuen und zugleich aus dem Alten Testament entlehnten Begriffen versuchte man, Leid und Tod Jesu zu deuten: als Erlösung, Sühne, Lösegeld, Opfer, Versöhnung und Rechtfertigung. In allen diesen Deutungen erscheint Jesus als der Mensch, welcher für »die vielen« stellvertretend gelitten hat, der prophetisch angekündigte Gottesknecht, der leidende Gerechte.

In der Karwoche, liturgisch auch »Heilige Woche« oder »Trauerwoche« genannt, verwandelt sich die Kathedrale in einen Ort düsterer Vergegenwärtigung des Leidens und Sterbens Jesu Christi. Die vorherrschende Farbe ist Schwarz, die im Kirchenraum sichtbaren Kreuze werden mit violetten Tüchern verhüllt. Das Kirchenjahr nähert sich seinem Höhepunkt. Alles ist auf die liturgische Vergegenwärtigung der Erlösung und die Erinnerung an das Sterben und den Tod Jesu Christi am Kreuz ausgerichtet. Wobei die ka-

Maria hält ihren toten Sohn in den Armen: Zeichnung der Pietà von Michelangelo; das Original befindet sich im Petersdom, Rom.

tholische Kirche Karwoche und Ostern als eine liturgische Einheit sieht, als *transitus* (Durchgang) des Herrn durch Leiden und Tod hindurch zur Auferstehung.

Das Eingangstor zur Karwoche ist der Palmsonntag, liturgisch der zweite Passionssonntag. Die Palmweihe bedeutet unsere eigene Einfügung in das Kargeschehen, die Palmprozession ist eine Versinnbildichung des Leidensweges auch der Kirche, die den Weg Jesu Christi nachgeht.

Gründonnerstag, liturgisch »Tag des Herrenmahles«, will das letzte Abendmahl erneuern, mit Fußwaschung, der Übertragung des »Allerheiligsten« auf einen Seitenaltar, einer Abendmesse und dem anschließenden Gebet in der Leidensnacht. Dieser Tag schließt auch die Fastenzeit ab.

Am Karfreitag, liturgisch »Freitag des Leidens und Sterbens des Herrn«, verzichtet die Kirche in Trauer auf die Messfeier. Auch in der großen Kathedrale herrscht nun vollkommene Stille. Die ältesten Formen des Gottesdienstes haben sich in der schlichten Karfreitagsfeier erhalten: zu Beginn Gebete und Schriftlesungen, im Mittelpunkt Kreuzenthüllung und -verehrung (als »symbolische Kreuzigung«) und schließlich gemeinsame Kommunion – das alles am Nachmittag um die Todesstunde Jesu. Vormittags findet häufig ein »Kreuzweg der Kinder« statt.

Der Karsamstag, liturgisch »Heiliger Sabbat«, ist der einzige völlig liturgielose Tag des Jahres, der Tag der Grabesruhe Jesu. Die Volksfrömmigkeit kennt die Verehrung des heiligen Grabes.

Kreuz in der Kathedrale von Sevilla, Spanien

Die Auferstehung Jesu ist in der Kathedrale bildlich längst nicht so präsent wie seine Kreuzigung. Nur selten begegnen uns Bilder von der Auferstehung, der Verklärung, der Himmelfahrt Jesu. Dabei ist nicht Weihnachten, sondern Ostern der Höhepunkt auch des katholischen Kirchenjahres: Für den Christen als dem österlichen Menschen ist Ostern das »Fest der Feste«, an dem er in die Auferstehung des Herrn hineingenommen wird.

Sie ist ein Geschehen, das unabsehbare Folgen für Erde und Mensch hat. Sie wird als Geschenk erfahren und gedeutet, als

Den Tod besiegend, dem Grab entsteigend:
Jesus Christus, der Auferstandene

DAS SYMBOL DES KREUZES

Kreuzabnahme. Figurengruppe auf der Prager Karlsbrücke, Tschechien

Beginn einer neuen Wirklichkeit. Mit der Auferstehung dessen, der die Sünde der Welt auf sich nahm, hat das Reich Gottes auf Erden begonnen: Eine alles erneuernde Versöhnung ist Wirklichkeit geworden. Neues Leben bricht auf, wo bisher der Tod geherrscht hat. Die Schöpfung wird lebendig wie die Natur draußen im Frühling: »In Christus sein« befreit den Menschen von sich selbst, weil er – mit Gott und seiner Schöpfung versöhnt – die Angst seiner eigenen Sicherung vor dem Tode verliert. Es befreit ihn für den, der ihn braucht. Es befreit zur universalen Freundschaft mit allem, was im Angesicht Gottes lebt.

Die älteste Liturgie feiert in der Osternacht die gesamte Erlösung – Leiden, Sterben und Auferstehung Jesu Christi. Fünfzig Tage dauert die österlich-festliche Zeit, die Feier des neuen Lebens, während die Buß- und Fastenzeit nur vierzig Tage währt. Auch die Nachpfingstzeit gehört zur erweiterten österlichen Zeit – daher auch die Verpflichtung zur sogenannten Osterkommunion: Wenigstens einmal im Jahr soll der katholische Christ zur Heiligen Kommunion gehen.

In der Osternacht findet die Auferstehungsfeier nicht nur der Kathedrale, sondern der gesamten Kirche ihren mystischen Ort: im Symbol des Lichts (Osterfeuer, Weihe der Osterkerze, *Exsultet* (Der Herr ist wahrhaft auferstanden), Lichterprozession, in der alle Gläubigen vom Licht der Osterkerze empfangen), dann im Sakrament der Taufe (Taufwasserweihe, eventuell Taufe, Erneuerung des Taufversprechens), schließlich am frühen Morgen des Ostertages in der Messfeier, in welcher der Herr aus dem Tod in Brot und Wein aufersteht und sich in der Kommunion austeilt. Die aktive Beteiligung der Gläubigen gehört wesentlich zur sinnvollen Feier der Osternacht: Einzugsprozession, Lichterweihe, Taufversprechen; viele Akklamationen werden von der ganzen Gemeinde vollzogen.

Oft wird Jesus als »guter Hirte« dargestellt, bisweilen aber auch als Opferlamm.

DAS SYMBOL DES KREUZES

Der Osterfesttag selbst hat gegenüber der Osternachtfeier an liturgischer Bedeutung verloren. Österliches Brauchtum und Segnungen gehen alle von der Anschauung aus, dass zu Ostern alles neu wird.

Das Osterlamm ist neben dem Symbol des Lichts eine zentrale Darstellung des Osterfestes: Schon im Neuen Testament, aber auch in der christlichen Kunst und in manchen Volksbräuchen wird Jesus oft im Bild des Lammes dargestellt. Er ist der »gute Hirte«, aber er ist auch das Opferlamm. Dahinter stehen Gedanken und Erinnerungen an das Pessachmahl der Hebräischen Bibel, also des Alten Testaments, das nach dem israelitischen Glauben den Beginn der Befreiung aus der Knechtschaft in Ägypten vergegenwärtigt. In der christlichen Deutung erscheint Jesus als das »fehlerlose Lamm« (Exodus 12,5), das für die Menschen Befreiung bedeutet. Es geht jedoch weniger um die Assoziationskette (Fehlerlosigkeit des Lammes – Opferung – Sündelosigkeit Jesu), als

Eine fast zärtliche Auferstehungsszene der manieristischen Malerei: Jesus verlässt das Grab und die Unterwelt in Begleitung Marias; die Engel rechts im Bild weisen darauf hin, dass sich die Schrift erfüllt hat.

vielmehr um die eigentliche Typologie: Was bedeutete das Lamm für die Israeliten damals? Und welche Bedeutung hat Jesus für uns heute?

Das Evangelium des Johannes hat dieser Symbolik eine besondere Rolle zugewiesen: Schon Johannes der Täufer weist auf Jesus Christus mit den Worten hin: »Seht, das Lamm Gottes, das die Sünde der Welt hinwegnimmt« (1,29). Nicht ohne Grund bestimmt dieses Evangelium den Zeitpunkt der Kreuzigung als den Augenblick, in dem die Lämmer für das Pessachfest geschlachtet werden. Die anderen drei Evangelien legen das Abendmahl Christi in die Pessachnacht – wohl auch ein Grund dafür, dass der Glaube eine so enge Verbindung zwischen dem Abendmahl und dem Symbol des Lamms gezogen hat.

Die Osterkerze ist eine wichtige symbolische Lichtquelle in der Kathedrale. Wir sehen diese große Kerze in der österlichen Zeit zumeist im Altarraum in der Nähe des Messaltars. Angezündet steht sie im Zentrum der *Lumen-Christi*-Prozession (Licht Christi), die in der Osternacht durch die ganze Kathedrale zieht. An ihr werden auch die Kerzen der Gläubigen entzündet – eine sinnfällige Tradition, nach deren Auffassung alles Licht vom Auferstandenen, der das Licht selbst ist, ausgeht. So versinnbildlicht die Osterkerze den Triumph Christi über die Mächte der Finsternis und des Todes.

DAS HERZ DER KATHEDRALE

DAS HERZ DER KATHEDRALE

Der Altarraum. Die langgestreckte Anlage der Kathedrale lenkt die Schritte des Besuchers mit zwingender Konsequenz nach vorn, als seien sie magisch angezogen vom Mittel- und Höhepunkt, wie er im Chorraum mit dem Hochaltar augenfällig wird (der nach der Liturgiereform zumeist nicht mehr den Abschluss bildet, sondern stärker nach vorn, auf die Gemeinde hin gerückt ist).

Der Hochaltar ist der Ort, an dem der Priester – in der Kathedrale zumeist der Kardinal, Bischof oder Dompfarrer – die Heilige Messe liest und Eucharistie feiert. *Eucharistie* ist im Ursprung ein griechisches Wort – zu deutsch Danksagung, Dankgabe, und bedeutet zunächst im biblischen Sprachgebrauch das erinnernde Lob Gottes für seine Taten. Bereits im ersten Jahrhundert der frühen Kirche wurde das Wort zur Bezeichnung des Mahlsakraments verwendet, das die Kirche zur Erinnerung an Jesus Christus und nach seinem Vorbild (Letztes Abendmahl) feiert. Andere Namen sind Herren- oder Abendmahl, Brotbrechen, Messfeier (Messopfer) oder Altarsakrament. Sie bezeichnen jeweils einen anderen Aspekt des einen Geschehens.

Die Eucharistie, wie sie auch in der Kathedrale gefeiert wird, ist grundgelegt in der Einsetzung des Abendmahls durch Jesus von Nazareth, wie es die Evangelisten Matthäus (26, 26-29), Markus (14, 22-25), Lukas (22, 19-20) und der Apostel Paulus in seinem ersten Brief an die Korinther (11,23-25) berichten. Dieses Abendmahl ist Jesu Abschiedsmahl gewesen, ob es das richtige, jüdische Pessachmahl war, lässt sich nicht eindeutig feststellen. Es ist die Vorwegnahme des endzeitlichen Mahles in der Gemeinschaft mit Jesus und bedeutet gleichzeitig die Gegenwart Jesu: Er gibt sich selbst in den Gaben von Brot und Wein zur Versöhnung der Welt hin. Das Mahl ist daher auch Ausdruck der Gemeinschaft mit Christus und der Vergegenwärtigung seines Sterbens und seiner

Der Altarraum der Kathedrale Saint Benigne in Dijon, Frankreich, stellt sich ganz in das Licht der doppelten Fensterreihe.

*Zeichnung des Abendmahl-Freskos von
Leonardo da Vinci – Urbild der Eucharistiefeier*

Wiederkunft. Wir dürfen es durchaus wörtlich verstehen – es geht hier wirklich um Essen und Trinken, nicht nur in einem übertragenen, symbolischen Sinn, sondern wie auch in der Bibel – mit ihren zahlreichen »Mahlgeschichten« – etwa der Hochzeit zu Kana, dem Mahl mit den Sündern, der Brotvermehrung und dem Abendmahl – als zentraler Ort und sinnliches Geschehen der Gemeinsamkeit geschildert werden.

Im Bild von Brot und Wein sehen wir das tiefste Symbol der messianischen Erneuerung. Hier kommen unbezweifelbar Gefühle ins Spiel, Gefühle der Nähe, der Freundschaft und der Liebe. Wir alle kennen die Geschichte vom letzten Abendmahl Jesu mit seinen Freunden. Es ist ein Mahl letzter Liebesbereitschaft und Sehnsucht nach unbedingter Nähe: »Und er sagte zu ihnen: Ich habe mich danach gesehnt, vor meinem Leiden dieses Pessachmahl mit

Ein heftiger Stilmix aus barocken und gotischen Formen prägt den Stephansdom in Wien, Österreich.

euch zu essen« (Lukas 22,15). Johannes hat den in den drei synoptischen Evangelien nur knapp angedeuteten Bericht um die sehr intime Gebärde der Fußwaschung bereichert: eine Geste, die durch ein neues Gebot gedeutet wird. »Liebt einander! Wie ich euch geliebt habe, so sollt auch ihr einander lieben. Daran werden alle erkennen, dass ihr meine Jünger seid: wenn ihr einander liebt« (Johannes 13,34 f.).

Brot und Wein, Mahlhalten, gemeinsames Essen und Trinken sind bedeutungsschwere Symbolhandlungen des Glaubens an die neue Schöpfung, die von Liebe durchweht ist. Bereits die Materialität der Speisen und Getränke zeigt die Verbundenheit mit dem Geschaffenen und Gewachsenen. Doch darüber hinaus erhält das Materielle eine spirituelle Dimension, die in der frühen Kirche immer gegenwärtig war.

Die älteste schriftliche Notiz über das Mahl am Abend vor dem Karfreitag hat uns Paulus hinterlassen (1 Korinther 11,23-27). Dicht und konzentriert vergegenwärtigt er die Erinnerung an den Abschied, bei dem Jesus zum Zeichen seines Opfers das Brot brach, die Erinnerung auch an die vielen Tischrunden in Galiläa, die Gerechte und Ungerechte zusammengebracht und einen lebensfrohen Freundeskreis um seinen Tisch versammelt hatten. Darin schwingt auch die fröhliche Zuversicht jener Tage mit, in denen das Gottesreich als kleines Universum der Liebe zum Greifen nah war.

Das ist im feierlich entrückten Altarraum der Kathedrale nicht mehr zu spüren. Schmucklos steht der Tisch in der Mitte, doch keine Freunde setzen sich hier zum Mahl nieder, sondern ein Priester rezitiert die Einsetzungsworte. Doch kann es durchaus

*Eine imposante Bilderwelt bietet der Altarraum von
Nuestra Senora de la Asuncion in La Rioja, Spanien.*

DAS HERZ DER KATHEDRALE

geschehen, dass diese Rezitation tiefe Verbundenheit und Kommunikation schafft, noch immer und immer wieder. Sie kann eine Atmosphäre der Symbiose, der Kommunion aufleben lassen, in die man sich stets aufs Neue hineinnehmen lässt. Sie meint nicht distanziertes, stilles, verschwiegenes Angedenken und nicht meditative Versenkung. Sie stiftet Verheißung zu einem neuen Lebensaufbruch. Gibt es etwas Liebevolleres, als etwas zu jemandes Gedächtnis zu tun, einfach, elementar und deutlich?

Was dort am Altar der Kathedrale geschieht, bietet nur noch einen schwachen, jedoch noch immer wahrnehmbaren Abglanz des so tiefinneren Geschehens, wie es das Mahl mit Brot und Wein ist. Nicht bloße Reminiszenz, die wir nur in der Erinnerung an die Vergangenheit feiern können. Vielmehr Ausdruck der Erwartung, der Hoffnung, die nicht zuletzt stirbt, sondern ewig neu ist. Die Vorwegnahme des eschatologischen, also des Festes am Ende aller Zeiten, wenn alle Tränen für immer abgewischt werden und wir alle an Gottes Tisch essen und trinken werden. Paulus erzählt hier, noch bevor die Evangelisten ihre Geschichte aufschreiben, fast so etwas wie eine Liebesgeschichte. Er zeigt, dass Christentum wesentlich auch Tischgemeinschaft ist. Er webt die Gemeinde dabei in das Abendmahlsgeschehen hinein: Wir werden in dieser Einladung zu Menschen nach dem Entwurf Gottes, zu Liebenden, zu einem Gleichnis für die schon angebrochene Neue Schöpfung. Noch im feierlichsten Augenblick, den die Messfeier in der Kathedrale bietet, entsprechen wir in der Runde um Jesu Tisch dem Bild, das er sich von uns gemacht hat: Wir können die Sanftmütigen, die Friedenstiftenden, die Liebenden sein. In der Tisch- und Mahlgemeinschaft bildet sich das Neue Sein, die Neue Schöpfung vor unseren Augen und in unserer Mitte ab.

Erzähl- und Mahlgemeinschaft. Wenn wir verstehen wollen, warum unser heutiges Abendmahl eine so lieblose und uninspirierte Angelegenheit geworden ist, die im weiten Raum der Kathedrale noch abgehobener wirkt, warum wir uns gar nicht mehr vorstellen können, dass dieses gemeinsame Mahl ein Fest ist, müssen wir die Geschichte weiterlesen. Der Tisch, die Freude des Zusammenseins, die ekstatische Hoffnung und schließlich der Auftrag, die Menschen zum Evangelium einzuladen, das alles hat die Gemeinschaft der ersten Christen geprägt, die immer auch Erzähl- und Mahlgemeinschaft war: »Sie blieben beständig in der Lehre der Apostel, in der Gemeinschaft, im Brotbrechen und im Gebet … Sie brachen das Brot in den Häusern und speisten in Fröhlichkeit und mit aufrichtigem Herzen« (Apostelgeschichte 2,42.46). Als sie später hinauszogen, ging das Zeichen des Mahls mit ihnen. Aber schon Paulus sah sich veranlasst, in Korinth auf gewisse Missstände kritisch hinzuweisen: »Wenn ihr zusammenkommt, ist es nicht das Mahl des Herrn, das ihr feiert. Da setzt sich jeder vor sein eigenes Essen, der eine hat nichts und ist hungrig, und der andere hat alles und betrinkt sich. Wenn ihr kein Liebesmahl feiern könnt, dann bleibt doch in euren Häusern – oder habt ihr keine Häuser?« (1 Korinther 11,20-22a).

Was war geschehen? Offensichtlich gefiel Paulus die Ekstase des Festes nicht, es war ihm nicht ernst, nicht aufrichtig genug. Seine Empfehlung, vom Brauch des gemeinsamen Essens und Trinkens abzurücken und stattdessen in der Gemeinde das Gedächtnis des letzten Mahls Jesu mit seinen Freunden zu feiern, war die Geburtsstunde der Eucharistie. Mit der berechtigten Kritik an der fehlenden Dimension der Liebe und Solidarität (jeder isst und trinkt für sich allein, es wird nicht geteilt), schaffte er unberechtigterweise das Fest gleich mit ab. Aus einem fröhlichen Miteinander wurde ein steifes Zeremoniell, aus einem gemeinsamen Mahl wurde »die gemessene, geordnete kirchliche Eucharistie, in der von Freude zwar noch immer die Rede ist, aber eben nur die Rede, oder gar das schwarzgekleidete, meist niederdrückende und todtraurige evangelische Abendmahl« (Jörg Zink).

Im Zisterzienserstift Zwettl, Österreich, bildet ein barockes Altarensemble den Abschluss des ansonsten von harmonischer Gotik bestimmten Kirchenraums.

Das Sakrament. Das Fest der Liebe, wie Christus es in uns begonnen hat, bleibt nie auf eine eng umfriedete Gemeinschaft, auf eine hermetisch sich isolierende Kirche beschränkt. Gerade der große Raum, den die Kathedrale Hunderten, ja Tausenden Gläubigen bietet, akzentuiert seine grundsätzliche soziale, ja politische Dimension. Die Kathedrale taugt nicht für sektiererische Zirkel, für kleine verängstigte Gruppen, die sich in den Schoß von Mutter Kirche flüchten. Die in der Eucharistie zum Ausdruck kommende Liebe sprengt den intimen Rahmen einer verschworenen Gemeinde. Wer das Sakrament der Eucharistie feiert, teilt das Symbol der Befreiung, Christus, aus. Er behält ihn nicht für sich, reklamiert ihn nicht für seine Interessen, ordnet ihn nicht seiner Kirche zu, erlebt ihn nicht als Bestätigung seiner religiösen Erfahrung. Er teilt ihn mit in der Poesie und Liebe kosmischer Verbundenheit mit allem Lebendigen. Er teilt ihn aus an diejenigen, die ihn brauchen.

Das Sakrament auszuteilen in einer Welt, in der jeder für sich nur das Beste haben will, versinnbildlicht eine Umkehr und verlebendigt eine Entscheidung: das Brot zu brechen und Christus zu teilen. Auch wenn das in der Kathedrale so fern gerückte liturgische Geschehen es vielleicht nahelegt: Das Brechen von Brot und das Teilen von Wein ist kein Ritual, das einer Kirche oder ihren Amtsträgern vorbehalten bleibt. Wer von seinem Besitz austeilt, um Hungrigen und Durstigen Gerechtigkeit geschehen zu lassen, handelt in der Nachfolge Jesu. Es bedarf keiner besonderen liturgischen Legitimation. Frauen und Männer, die ihr Brot brechen und austeilen, damit alle Lebenden gespeist werden können, sind selbst das Sakrament der Eucharistie.

Die liturgischen Rituale im Altarraum sind also letztlich nicht anders zu verstehen als Ausdruck dieses tieferen Sakraments der Befreiung. Es kann nur dann lebendig sein, wenn Menschen tatsächlich das Vorhandene teilen, damit alle ausreichend bekommen. Wo dies nicht geschieht, vollzieht sich keine Eucharistie, sondern ein leeres Ritual.

Ein Traum in Gold – der Hochaltar im Regensburger Dom,
Deutschland, unter breiten spitzbogigen Fensterreihen

In der Kreuzigungsszene gipfelt der grandiose Altaraufbau mit Begebenheiten aus dem Leben Jesu in der Kathedrale von Toledo, Spanien.

DAS HERZ DER KATHEDRALE

Der Altar. Es ist ein Tisch, gedeckt mit Brot und Wein. Das sollten wir uns vor Augen halten, wenn wir einen Altar sehen. Er ist das Symbol eines Tisches, einer Mahlfeier. Aber warum gibt es in der Kathedrale zumeist zwei Altäre? Den sogenannten Hochaltar, besonders reich und kostbar geschmückt, mit dem Tabernakel, und den Messaltar, zumeist ein schlichter Stein, bedeckt mit einem weißen Altartuch und als Schmuck höchstens ein kleines Kreuz?

Die Antwort ist in der jüngsten Kirchengeschichte zu finden, nämlich in der vom Zweiten Vatikanischen Konzil (1962 bis 1965) inspirierten und vorbereiteten Liturgiereform, in der die lateinisch gelesene Messe abgeschafft wurde. Früher las der Priester die Heilige Messe nämlich in für das Kirchenvolk unverständlichem Latein direkt am Hochaltar, weit entfernt von der Gemeinde und mit dem Rücken zu ihr. Die Gläubigen waren kaum mehr als ein Auditorium, ein Adressat, der das heilige Geschehen mit Gebeten und Liedern begleitete, ansonsten aber weitgehend ausgeschlossen war. Was der Priester genau tat, blieb verborgen. Hielt er die Hostie und den Kelch hoch, bimmelten die Messdiener mit den Glöckchen, war »Wandlung«: Vor den Augen der Gläubigen verwandelte sich das Brot in den Leib, der Wein in das Blut Christi *(Transsubstantiation* oder Verwandlung). Es war sehr still im großen Kirchenraum, alle Gläubigen knieten, falteten die Hände und senkten den Kopf, im Turm läutete eine kleine Glocke – ein magischer, feierlicher, ernster Augenblick, ein Höhepunkt, eine Kulmination des Glaubens.

Die Transsubstantiation findet in jeder katholischen Messe statt, auch wenn sie der Priester heute an einem kleineren Altar und den Gläubigen zugewandt zelebriert. Für das Gemeinschaftsgefühl im großen Kathedralenraum aber ist es von entscheidender Bedeutung, dass sie in der Nähe, sozusagen in der Mitte der Gemeinde stattfindet, so dass die Gläubigen es als etwas begreifen können, das »mitten unter ihnen« geschieht. Denn der tiefere Sinn dieser

Ein Symbolkosmos in sich ist diese kostbare Monstranz: die Hostie im Brillantenkranz, als Mittelpunkt der Sonne, umgeben von vier Medaillons, gekrönt vom Kreuz.

DAS HERZ DER KATHEDRALE

Verwandlung von Brot und Wein in das Symbol des lebendigen, sich liebend austeilenden Christus liegt in der Verwandlung jener Menschen, die im Mahl die Neue Schöpfung feiern. Nicht nur Brot und Wein nehmen eine andere Gestalt an, sondern die Menschen, die teilen. Sie werden Christus ähnlich, sie sind selbst die ersten Zeichen, die von der »Transsubstantiation«, von der Umkehr zur Menschlichkeit Zeugnis ablegen. Ohne diese tatsächliche Wandlung bleiben rituelle Formen leer und wirkungslos. Das ist der tiefere Sinn der »Wandlung«: Erst wenn wir Brot und Wein *werden* für andere, werden wir auch Liebende der Schöpfung.

Der Tabernakel in der Mitte des Hochaltars ist ein kleiner, zumeist goldener Schrein, in dem in einem Kelch oder mehreren Kelchen die geweihten Hostien aufbewahrt werden. Hier steht auch die Monstranz – ein goldenes Zeigegefäß für die konsekrierte Hostie, nach katholischem Glauben der Leib Christi, der im goldenen Strahlenkranz eine großartige Repräsentanz erfährt. In jeder Meßfeier wird der Tabernakel geöffnet, damit die Gemeinde aus dem kostbaren Kelch die Heilige Kommunion empfangen kann. Wie das Wort *Kommunion* besagt, geschieht hier etwas »Gemeinsames«: Der Leib Christi geht ein in den Gläubigen selbst.

An Fronleichnam, an einem einzigen Tag des Kirchenjahres, verlässt die Monstranz nicht nur den Tabernakel, sondern den Raum der Kathedrale. Fronleichnam ist ein Begriff aus dem Mittelhochdeutschen *(vrôn, frôn* = Herr, heilig; *lichnam* = lebender Leib) und bedeutet: der Leib des Herrn. Das Fest wurde zuerst 1246 in

Einen verwirrenden Eindruck hinterlassen die zahlreichen Szenen und Reliefs an der Wand hinter dem Altar der Kathedrale von Sevilla, Spanien, doch in Wirklichkeit ist sie strikt christologisch konzipiert.

Altarraum in der Koscol Mariacki,
der Marienkirche in Krakau, Polen

DAS HERZ DER KATHEDRALE

Lüttich gefeiert und dann von Papst Urban IV. auf die ganze Kirche ausgedehnt. Gegenstand und zentraler Inhalt des Festes ist die Verehrung der heiligen Eucharistie am ersten Donnerstag nach der österlichen Zeit. Die feierliche Fronleichnamsprozession, in welcher die Monstranz unter einem Baldachin durch die Straßen der Stadt und um die Fluren des Dorfes getragen wird, entwickelte sich schon früh, im Köln des Jahres 1277, aus Flurgängen, woraus auch die in Deutschland üblichen vier Segen mit den vier Evangelienanfängen (Wettersegen) in vier Himmelsrichtungen zu erklären sind, während das römische Ritual nur einen Segen kennt.

Im Sinne der ältesten Fronleichnamsdekrete müssten ins Zentrum des Festes die Mahlfeier und die Kommunion treten. Ortsüblich aber wurde im deutschen Sprachraum seit dem fünfzehnten Jahrhundert die Prozession mit Liedern und Stationen in den Mittelpunkt des Festes gerückt: Noch bis weit in die sechziger Jahre des zwanzigsten Jahrhunderts hinein war es eine *via triumphalis*, ein mit Fahnen, Blumen, Blütenteppichen, Hausaltären festlich geschmückter Weg, auf dem an vier Stellen haltgemacht wurde. Das »Allerheiligste« – der Leib Christi – wird sichtbar in der Monstranz mitgetragen, unter einem »Himmel« oder auch auf einer geschmückten Tragbahre. Die Prozession ist ein Ausdruck der Freude, dass in Christus die ganze Schöpfung »geheiligt« ist.

MADONNA MOLTO VIVACE

MADONNA MOLTO VIVACE

Frauen sind nicht gerade *en vogue* in der gotischen Kathedrale. Und erblicken wir eine Mutter mit Kind, können wir fast hundertprozentig sicher sein, es mit einer Madonna, der Muttergottes zu tun zu haben. Sie ist die einzige prominente Frau im Kathedralraum – allenfalls stehen ihr noch ein paar wenige Heilige, Stifterinnen, biblische Gestalten zur Seite. Aber in der Regel ist es Maria, die unsere Blicke auf sich zieht.

Und sie steht immer im Zentrum. Vor allem, wenn ihr die Kathedrale geweiht ist. Sie ist immer schön, sie schaut immer ernst (oder schenkt uns ein scheues Lächeln), sie steht immer aufrecht. Die romanische Skulptur kannte noch das Motiv der sitzenden oder besser thronenden Madonna, doch in der Gotik richtet sie sich auf. Nur auf Bildern, die die Aufnahme Mariens in den Himmel zeigen, wird ihr wieder eine sitzende Haltung gegeben, weil Gott neben ihr thront.

Der Marienkult entfaltete sich im Mittelalter zu voller Blüte. In ihm kommt die Position der Frau im Christentum am sinnfälligsten zum Ausdruck. Bilder und Geschichten fangen ein, wie Maria von einer biblischen, also menschlichen Figur schließlich zur Ma-

Linke Seite: Christus empfängt und krönt seine Mutter im Himmel;
Apsismosaik in Santa Maria Maggiore, Rom, Italien.

»Mir geschehe nach seinem Wort«: Maria und der Engel der Verkündigung;
die Empfängnis der Unbefleckten Jungfrau wird symbolisch angedeutet durch
einen Strahl, der vom Heiligen Geist – als Taube dargestellt – ausgesandt wird.

MADONNA MOLTO VIVACE

donna wurde: Aus der gestrengen Muttergottes wurde »Unsere liebe Frau«, die den Menschen fast näher steht als Gott. Sie verlor die alten heidnischen Attribute und war nicht länger Göttin, sie wurde zur christlichen Ikone, zur Himmelskönigin. Aus der Reihe der »Gesegneten unter den Frauen« trat schließlich nur noch die »Einzige ihres Geschlechts« hervor.

Die wechselnden Stile und Stimmungen der bildlichen Mariendarstellungen dokumentieren eine Entwicklung, die sich nicht nur durchs Mittelalter der Wunder und Visionen zieht, sondern durch zweitausend Jahre Christentumsgeschichte. Dabei verzichtet keine Mariendarstellung auf die Emphase des Leibes. Vom frühesten Anfang ihrer Abbildung, in den römisch-antiken Priscilla-Katakomben, bis hin zu den Tausenden romanischer und gotischer

Bilder, die sich erhalten haben, unterscheidet sich jede Madonna, die strenge wie die liebliche, in der Strenge wie in der Süße ihrer Anmutung vor allem durch *eines* von allen anderen Frauen, die gemalt oder in Stein gemeißelt wurden: Den Künstler beherrschte das Verlangen, die Sehnsucht, eine historische Frauenfigur darzustellen, die einer unvergleichlichen Bestimmung gefolgt ist, die auserwählt und ausgezeichnet worden ist, Gott zu gebären. Dies erklärt, warum sie auf vielen mittelalterlichen Tafelbildern in tiefes, sehnsuchtsvolles Blau gekleidet erscheint.

Die Madonna der katholischen Volksfrömmigkeit, die in der Kathedrale ihre kanonische Form erhielt, hat mit dem jungen jüdischen Mädchen Mirjam aus Nazareth, von dem die Evangelien erzählen, nur noch wenig gemein. Die differenzierte kanonische Mariologie hinterlässt im Bewusstsein des Kirchenvolkes kaum nennenswerte Spuren. Mittelalterliche Sänger oder auch Mystikerinnen wie Mechthild von Magdeburg riefen sie an als »Göttin« – *Vrowe, edel göttinne* heißt es in Mechthilds Offenbarungen. Mag dieser Name im dogmatischen Sinn noch so problematisch sein, er charakterisiert treffend die Bedeutung der Madonna in der katholischen Spiritualität.

Die Frucht ihres Leibes lässt die Menschheit noch einmal neu erstehen, Maria wird die neue Eva. Bereits in der Gotik verschwand allmählich wieder die Aura des Mythischen, der entrückten Göttin. Bis zu »Unserer lieben Frau« fehlte dann nurmehr ein kleiner, konsequenter Schritt.

Marienbilder. Begeben wir uns auf einen Spaziergang durch ein imaginäres Museum, wie es uns die Kathedrale bietet. Mit wachsendem Erstaunen über die Phantasie des Menschen und über seine religiöse Kreativität flanieren wir vorbei an Tausenden von Bildern, aus denen uns Maria entgegenblickt, verhalten und kokett, naiv und raffiniert, scheu und fragil oder auch mächtig und selbstbewusst.

Die dunkle, geheimnisvolle *Schwarze Madonna,* aus Ebenholz oder geschwärzt vom Kerzenrauch, eine Madonna von magischer Anziehungskraft.

Maria, die Mondin, eine Göttin auf der Silbersichel zeigt ihre Affinität zum wichtigsten Symbol weiblicher Gottheiten: Der Mond steht für alles Werden und Vergehen im Zusammenhang mit dem Kosmischen, Kreatürlichen, Rhythmischen des Lebens und beherrscht den Zyklus der Weiblichkeit.

Die *Stillende Madonna* zeigt eine der wenigen biologischen Funktionen, die man Maria gelassen hat.

Die *Ährenmadonna,* ein Symbol der Fruchtbarkeit und des unberührten Ackers Gottes.

Wir sehen *Maria mit dem Apfel,* dann die *Schutzmantelmadonna,* die mit selbstbewusster Würde als mächtige *Magna Mater* ihren Mantel ausbreitet, um alle zu behüten, die bei ihr Zuflucht suchen.

Ungezählte Bilder mit dem Sujet der *Mutter mit dem Kind,* als strahlende junge Frau, Stolze, innig Lächelnde, als Demütige, als Trauernde *(Pietà).*

Das imaginäre Museum der Mariendarstellungen ist ein Labyrinth, ein unerschöpflicher Fundus, eine Augenweide.

Französische spätgotische Madonnenstatuen lassen sich aufklappen: Von außen ist die *Vièrge ouvrante* eine gewöhnliche, bescheidene Mutter mit Kind, doch sie verrät ein fast ketzerisches Geheimnis, wenn man sie öffnet. Gott – Vater und Sohn – ist in ihr enthalten; der Körper Marias birgt das Geheimnis der Trinität.

Das Bild der Frau als ein Symbol für die ganze Kirche erfährt im Laufe der Jahrhunderte zahlreiche Veränderungen. Erst der jeweilige geistesgeschichtliche Hintergrund erklärt manche Darstellungen Marias. Seit dem Ende des dritten Jahrhunderts bezogen sich die Kirchenväter in ihren Schriften auf eine »Mutter Kirche«. Dies geht zurück auf den Begriff der *Alma Mater,* der nährenden Mutter, welcher bereits der Beiname römischer Göttinnen, bei-

*Die Apotheose der Madonna: Verehrung, Verklärung,
Krönung und Aufnahme in den Himmel*

Maria als Lesende auf dem Triptychon-Altar Jan van Eycks, des berühmtesten flämischen Malers des Spätmittelalters, in der Kathedrale St. Bavo, Gent (sogenannter »Genter Altar«)

spielsweise der Ceres, gewesen ist; nach der Kirche erhielt auch die Universität diese ehrenvolle Bezeichnung. Anfangs wehrte sich die Kirche, mit einer Mutter identifiziert zu werden. Doch im frühen Mittelalter wies dieses Bild kaum mehr hin auf die fruchtbaren Eigenschaften der Liebe. Es wurde zu einem Symbol der klerikalen Herrschaft und der Verfügungsgewalt der Kirche über die Quellen der Gnade. Die Frauen wurden gänzlich aus dem Gnadengeschäft verdrängt; die Macht, die Gnade auszusprechen und die Sakramente zu spenden, liegt einzig bei den Männern.

Parallel zu dieser Entwicklung wandelte sich das Bild Marias, bis aus der Ikone der *Theotokos*, der Gebärerin Gottes, in der Gotik allmählich ein Idealbild der Frau, die *Madonna* wurde. Ihre Stilisierung erscheint heute als Ausdruck einer einzigartigen Entwicklung, die von nun an den christlichen Westen vom orthodoxen Osten unterscheidet.

Das europäische Mittelalter war eine Zeit der großen gesellschaftlichen, politischen und kirchlichen Friedlosigkeit, es erzeugte ein Klima permanenter psychischer Beunruhigung. Das blieb nicht ohne Auswirkung auf den Marienkult: Im elften und zwölften Jahrhundert trat das Bild der *Großen Mutter* immer deutlicher hervor, begann die marianische Bewegung, deren Schattenseite im Hexenwahn gesehen werden kann. Denn beide Phänomene, Maria und die Hexe, lassen sich zurückführen auf das Bild der *Großen Mutter,* die verstörend wirkte im Bewusstsein der geängstigten Männer und der beunruhigten Frauen in dieser Zeit. Die nicht nur als die Gebende, Schützende, Nährende und Wärmende erschien. Sondern als gute und böse Mutter zugleich, als Göttin des Lebens und des Todes.

Die Madonna steht über den weltlichen Fürsten (unten), auch wenn diese heiliggesprochen wurden.

Der marianische Kosmos des Mittelalters war also durchaus ein Schauplatz männlicher Wunschphantasien und Ängste. Das Weibliche empfängt durch eine unpersonale Macht, etwa durch Kontakt mit Tieren wie der Schlange, dem Vogel, dem Stier, durch das Essen von Früchten, durch Wind, Mond, Gott. Auch Darstellungen von Maria und der Taube oder Maria mit einem Einhorn in ihrem Schoß sind so zu interpretieren.

Mächtig und verstörend wirkten diese Bilder in der Seele des mittelalterlichen Mannes: Maria als *igne sacro inflammata*, vom heiligen Feuer entflammt. Die Männer schufen sich mit dieser gottähnlichen Gestalt eine Fürsprecherin im Himmel, ja eine zweite Erlösergestalt.

In diesem Prozess wurde Maria letzten Endes zu einer überlebensgroßen Instanz in der Kirche, wurde die Madonna zum Siegessymbol klerikaler Macht. Mit Füßen tritt sie auf die verführerische Schlange, den immer links stehenden Teufel, die Ketzer, dann die Protestanten, die Juden. Sie ist *Maria Immaculata*, die Unbefleckte Empfängnis in Person, frei von allen Begierden. Diese Maria triumphiert schließlich über alle Feinde der alleinseligmachenden katholischen Kirche, über den Islam, über Luther, über die weltliche Wissenschaft, über den Hochmut der Intellektuellen, also über den Teufel selbst in all seinen weltgeschichtlichen Erscheinungen. Kaiser und Könige, Päpste und Bischöfe weihten der immer siegreichen Himmelsgöttin Kirchen und Schiffe, ja ganze Städte, Völker und Nationen.

Eine bedeutsame, jedoch oft verschwiegene Leistung des Marienkultes besteht darin, dass er allzu maskuline Herrschafts- und Machtansprüche abwehrte. Im Hochmittelalter wurde die etablierte und siegreiche Papst- und Kleruskirche in ihrer Herrschaft immer patriarchalischer; Kanonisten und Kirchenrechtler dominierten die Kurie, die *Ekklesia judiatrix* kämpfte mit allen Mitteln um ihre Rechte. Wo sollte da die arme Seele Zuflucht und Schutz finden, wen sollte sie anrufen, welche Instanz um Hilfe in Not und Be-

Madonna im Vatikan: Das Jesuskind steht entspannt, ja lässig vor seiner Mutter, die als gekrönte Königin im roten Mantel auf einem Thron sitzend eine repräsentierende Haltung einnimmt.

MADONNA MOLTO VIVACE

Eine Demonstration der Macht bietet dieses Figurenensemble: Jesus als Herrscher mit Königskrone und Reichsapfel, Maria mit Zepter.

drängnis bitten? »Allein in Maria« – so der Tenor zahlloser Predigten, so auch die Tendenz der populären spirituellen Literatur. Das späte Mittelalter mit seinen unruhigen Zeitläuften verehrte Maria im Schutzmantel, der die ganze Menschheit birgt. Noch der ärmste Bauer, der kleinste Pfaffe fanden unter dem Rock Unserer Lieben Frau Zuflucht und Unterschlupf: *Notre Dame*.

Die Verkörperung von Macht und Kraft. Maria ist der einzige Rechtsanwalt des Menschen am Gerichtshof Gottes und auch an dem der Welt. Sie fällt selbst Christus in die Arme, besänftigt den Zorn Gottes und seiner heiligen Stellvertreter und zeigte auf spätmittelalterlichen Bildern Gottvater anklagend ihre Brüste: Habe ich nicht deinen Sohn genährt? Im Himmel setzt Maria ihre mütterliche Macht in unendlicher Menschenliebe ein, um all ihre Kinder, alle Menschen dem strengen göttlichen Gericht zu entziehen. Maria besiegt im Himmel und auf Erden die Hölle, im Rechtsstreit um die Seele nach dem Tod, im Kampf gegen Tod und Teufel. Der Himmel der Liebe ist präsent in tausend Bildern und Statuen, in der mystischen Rose der gotischen Kathedralen und auf den Marienaltären aller Kirchen. Dieser marianische Himmel erschien vielen Gläubigen als der einzig vorstellbare christliche Himmel – im Volksglauben gilt dies bis heute.

Eine perfekte Wirkung erzielt diese Darstellung der Madonna an der Kathedrale Sainte-Cécile in Albi, Frankreich.

Der Himmel Mariens schafft Vertrauen und tröstet, er besänftigt Ängste und weckt Hoffnungen. Die Haltung des Katholizismus ist gleichsam ein Ausgleich für die patriarchale Verehrung Marias, allerdings gilt sie einer Maria, die fast völlig entweiblicht ist. Zunächst überhitzte sich nicht zuletzt in den Kathedralen der Marienkult: In der spirituellen Praxis und in der Liturgie wurden die Formen der Verehrung immer üppiger. Ab dem frühen elften Jahrhundert feierte man in England ein Fest der Empfängnis Mariens, gegen Ende desselben Jahrhunderts wurde neben dem Vaterunser auch das Ave Maria gebetet. Die Dominikaner führten den Rosenkranz ein; Gruppen wie die *Serviti* und die *Esclaves de Marie* weihten sich ganz dem Dienst der Jungfrau Maria. Religiöse Orden erhoben sie zu ihrer Schutzherrin; Ritter zogen in ihrem Namen in den Kreuzzug.

Diese bisweilen fanatische Marienbesessenheit schadete der Kirche vielleicht mehr, als sie ihr nützte. Lange Zeit ließ sich Maria kaum von einer heidnischen Muttergöttin unterscheiden, sie avancierte zur Fruchtbarkeitsgöttin des Volksglaubens, und dieses Charakteristikum bewahrt sie in vielen Gegenden bis in die jüngste Zeit. Ihre Heiligtümer wurden oft auf alten heidnischen Kultstätten errichtet, und mancher Votivschrein galt der magischen Wiederherstellung der sexuellen Kräfte. Nicht alle Bilder und Figuren, mit denen die Maler und Bildhauer der Kathedrale die Madonna feierten, verehrten sie

als unerotische Demutsgestalt. Viele Kathedralen wurden ihr geweiht, der Kalender der Marienfeste wuchs, und das mittelalterliche Volk begrüßte jubelnd jedes neue Marienbild.

Die bis in unsere Gegenwart ungebrochen hohe Wertschätzung der Maria lässt sich aus ihren unterschiedlichen Funktionen erklären, die sie im Bewusstsein der Kirche einnimmt. Sie zeichnet sich eben nicht nur aus als immerwährende Jungfrau, und zwar als *virgo intacta* vor, während und nach der Geburt des Gottessohnes. Sie ist auch Königin, Mutter, Fürsprecherin, Miterlöserin neben Jesus, eine gottnahe Frauenfigur im ansonsten männlich beherrschten Himmel.

KULISSE DES GLAUBENS

KULISSE DES GLAUBENS

Theaterraum. Vieles in der Kathedrale ist Kulisse, Bühnenbild, Inszenierung und hat aus diesem Grund etwas Theatralisches. In der Tat bietet der Kirchenraum eine Bühne: für die Zusammenkunft der Gemeinde, für das liturgische Geschehen, für das heilige Spiel, für die Demonstration des Glaubens. In ihrem Inneren bietet die Kathedrale für die unterschiedlichsten Handlungen einen je eigenen Ort an: die Seitenkapelle für das stille, versunkene Gebet; den Beichtstuhl für Buße und Vergebung; das Andachtsbild mit dem Kerzenmeer davor für das Innehalten und Anvertrauen von Sorgen und Nöten; das Taufbecken für die Aufnahme eines jungen Mitglieds in die christliche Gemeinde; der Kreuzgang für das meditative Gehen. Bezeichnenderweise spielen sich alle diese Vorgänge eher an den Rändern der Kathedrale ab, nicht in ihrer Mitte. Sie stehen nicht im Zentrum der gläubigen Menge, sondern sprechen den Einzelnen an oder den kleinen Kreis. All das braucht »Requisiten«, um noch für einen Augenblick in der Sprache der Theaterwelt zu bleiben.

Das Ornament, die Farbe, der Stein, die Fenster, die Gegenstände – alles dies findet zu einem Gesamtkunstwerk zusammen. Und zwar in jeder nur erdenklichen Hinsicht: In der Kathedrale sind Architektur, Malerei, Plastik und die verschiedensten Zweige des Kunsthandwerks zu einer Symbiose geworden. Es gibt Dome, die recht schmucklos sind und in denen der Charakter frühgotischer Strenge gewahrt blieb, und andere Bauwerke, an denen mehrere Jahrhunderte gebaut haben und verschiedene Stile ihre Spuren hinterlassen haben, und die ornamentaler, schmuckvoller, »dramatischer« wirken. Allein in und an der Kathedrale von Chartres wurden nicht weniger 1.800 Bildwerke gezählt, von den einst 152 farbigen Glasfenstern sind noch immer 150 erhalten.

Skulpturen fesseln unsere Blicke sowohl am Außenbau wie auch im Innenraum der Kathedrale, wobei ihre Konzentration an der

Beichtstuhl im St. Veits-Dom, Prag, Tschechien

Westfassade und an den Querhausfronten den Charakter großartiger Schauwände annimmt. Wie wir gesehen haben, sind vor allem auch die Portale ein wichtiger Ort für bildnerischen Schmuck – wobei sich hier jeweils verschiedene Themen konzentrieren, so dass man vom »Christusportal«, »Weltgerichtsportal«, »Marienportal« oder auch allgemein vom »Paradies« spricht. Heiligenportale sind Kirchenpatronen und in der Region besonders verehrten Heiligen geweiht und schildern Episoden aus deren Leben.

Ornamente. Laubwerk an Kapitellen und Konsolen, florale und vegetabile Elemente aus Stein und Marmor bringen den Eindruck von Lebensfrische und Natürlichkeit in den oft streng komponierten Kathedralenraum – oft entsprechen diese Verzierungen der Flora jener Landschaft, in der sich die Kathedrale erhebt, und schaffen ein Naturgefühl, das nicht selten in Kontrast zu den aus

KULISSE DES GLAUBENS

architektonischen Elementen gebildeten Zierformen an Baldachinen, Konsolen und Altären steht. Die typischste Ornamentform an der Kathedrale aber ist das Maßwerk – entwickelt aus den Kreisen, die zuerst die Zwickel unter den großen Spitzbogen der Fenster füllten.

Einen reichen Plastik- und Reliefschmuck weisen nicht nur die Bildprogramme der Portale, sondern auch die Innenräume auf: Auch hier ranken sich um Kapitelle und Gesimse Laubwerk und florale Ornamente, weisen Mobiliar und Kultgegenstände kostbare und filigrane Ausstattungen auf: Altäre, Reliquienschreine, Lesepulte, Kanzeln, Chorgestühle, Throne, Wandteppiche, Goldschmiedearbeiten.

Glasfenster. Noch immer leuchten in den Kathedralen prachtvoll die Glasfenster, doch von der ursprünglichen Bilderwelt hat sich nicht vieles in originaler Form erhalten. Nur wenige Fenster in den europäischen Kathedralen sind noch aus der Zeit ihres Entstehens, spätere Jahrhunderte haben hier etliches ergänzt und verändert. Das neunzehnte Jahrhundert war in besonderer Weise bemüht, die mittelalterliche Gotik »nachzuempfinden« (sogenannte Neugotik), doch die Fenster erinnern eher an viktoranische Malerei oder die Kunst der Präraffaeliten als an den vergleichsweise strengen Stil der Gotik.

Zumeist sind die Glasmalereien thematisch streng geordnet, weisen eine ausgefeilte und genau überlegte Dramaturgie auf. Die »großen Themen« wie Passion, Madonna und Weltgericht wurden in den Chormittelfenstern und den Rosenfenstern des Querhauses dargestellt, während in die Fenster im Langhaus oft Szenen aus dem Alten und Neuen Testament sowie aus den Heiligenlegenden gemalt wurden.

Die »Erzählung« ist immer vertikal: Die Bilder sind »von oben nach unten« zu lesen, will man die Geschichte dieser großen Bilderbibeln erfassen. Auch wenn die Gläubigen in der Regel nicht

Kathedrale von Santiago de Compostela, Galizien, Spanien

Perfekte Symmetrie in der Kathedrale von Lille, Frankreich

KULISSE DES GLAUBENS

in der Lage waren, den theologischen Spekulationen zu folgen, so erlebten auch die des Lesens Unkundigen die christliche Botschaft als bildhaft vermittelte, anschauliche Gegenwart. Und genau dies war das Ziel des gesamten Bilderkosmos in der Kathedrale: In einer ganzheitlichen Konzeption sollten den Gläubigen die Helden des Alten Bundes und die Propheten, das Leben und Leiden Jesu, Maria, die Bekenner und Verkünder der christlichen Botschaft, die gesamte Spanne zwischen Schöpfung und Jüngstem Gericht und nicht zuletzt die damit verbundene Jenseitshoffnung gegenwärtig gemacht werden.

Aber auch der Alltag der Menschen fand Eingang in die Bilderwelt der Kathedrale. Herrscher und Stifter, Bischöfe und Kleriker, Mönche und Nonnen – sie wurden oft direkt ins biblische Geschehen hineingesetzt und so nicht nur zu Zuschauern, sondern zu »mitlebenden Zeugen« der biblischen Geschichte. Sie waren nicht nur Akteure eines Geschehens, das von einem höheren Willen bestimmt und gelenkt wird, oder die Helden längst vergangener historischer Ereignisse, sondern wurden auch in ihren alltäglichen Situationen gezeigt. Kalenderzyklen oder die beliebten Darstellungen der zwölf Monate zeigten Bauern und Winzer auf dem Feld und im Weinberg, Handwerker bei der Arbeit, eingeordnet in einen größeren kosmologischen Zusammenhang. Auch Themen der sieben freien Künste, mythologische und symbolische Motive wie Tugenden und Laster wurden in Szenen aus dem alltäglichen Leben dargestellt.

Sogar in den großen Zyklen der Glasmalereien wurde das bürgerliche Leben in der Stadt und in den Zünften ins Bild gebracht, vor allem, wenn die Kathedrale eine Stiftung der Bürgerschaft war, die sich mit einem gewissen Stolz repräsentiert sehen wollte. So bieten die Kathedralfenster nicht selten eine Art Mentalitäts-, Alltags- und Sozialgeschichte, die uns einiges erzählt von sozialen und wirtschaftlichen Verhältnissen der Zeit. Die an der Kathedrale mitbauenden Bürger waren nicht gerade versessen darauf, in ano-

Goldenes Fenster im St. Veits-Dom, Prag, Tschechien

nymer Bescheidenheit zu bleiben, sondern drangen darauf, in den Szenen der Lebensgeschichte Christi und den Heiligenlegenden »mitzuspielen«. Auch in den Weihnachtsdarstellungen, zum Beispiel Krippenszenen, tragen die Hirten und Könige oft die Gesichtszüge von Zeitgenossen, die sich auf diese Weise in das heilige Geschehen einfügen: Bäcker, Metzger, Weber, Schuster, Böttcher und Geldwechsler werden bei ihren Tätigkeiten gezeigt. Und auch wenn ihnen nur ein schmales Bildfeld zugestanden oder zugewiesen wird, erscheinen sie doch neben den Heiligen als Bürger der Himmelsstadt.

Freilich entspricht nicht jedes Bildprogramm dem ursprünglichen Plan – nicht selten wird im Laufe der Zeit umgruppiert und neu zusammengesetzt. Und doch ist alles einem einheitlichen, universalen Gedanken untergeordnet und führt zu einem letztlich geschlossenen Programm.

Der lebende Stein. Das alles beherrschende Material ist der Stein. Die Kathedrale ist ein Haus aus Stein, der nur selten »verkleidet« oder unter Teppichen und Gemälden versteckt wird. Man ist stolz auf den Stein, sucht ihn nicht zu verbergen, sondern zu zeigen. *Lapides vivi* – die Steine leben! Für den Steinmetz der Kathedrale war der Bau alles andere als totes Material, sondern ein lebendiger Organismus. Überall dort, wo ihn die strenge Ordnung nicht dazu zwang, Formen zu schaffen, die einer bestimmten Form oder einem Zweck genügten, sondern ihm Freiheit zur Entfaltung seiner Phantasie ließ, wurde der Stein unter seiner Hand zu organischem Leben erweckt.

Mochte auch der erste Eindruck der Kathedrale monolithisch sein, gewaltig und überwältigend, so bieten sich dem Auge bei

Historischer Stich des Mailänder Doms, Italien

näherem Zusehen unendliche viele Girlanden, Blätter und Blüten, Knospen und Ornamente, Masken und Gesichter – ein phantasievolles, bewegtes Dekor, eingebettet in Regel und Ordnung, aber sie doch auch umspielend und auflockernd. Ist man auf der einen Seite bestrebt, Säulen und Wände zu entmaterialisieren, also sie zu lösen vom Baustoff und zu extravaganter Wirkung zu führen, wird im Ornamentalen oftmals eine Gegenbewegung geschaffen, indem die physische Stofflichkeit, das Relief, das Körperliche und Gerundete hervorgehoben wird. So entsteht ein unvergleichlicher »Schwung«, eine Bewegung, eine Wirkung des Überbordenden

Das recht enge Mittelschiff der Kathedrale von Toulouse erfährt Aufhellung durch die modernen, jedoch alte Formen zitierenden Leuchter.

KULISSE DES GLAUBENS

und Rauschhaften, die durch die Gesamtkonzeption von Höhe und Licht gleichsam gebändigt wird. Alles in allem will man auch damit wieder eine einzige Wirkung erzielen: Es soll alles nach oben gehen, aufwärts schweben, die Blicke, die Seele, der Geist.

Und war die romanische Kathedrale noch mit Mosaiken und Wandmalerei geschmückt, so überlassen sich die Wände der gotischen Kathedrale ganz der Wirkung, die der Stein und das durch die farbigen Fenster hereinbrechende Licht hervorrufen.

Die Innenausstattung der Kathedrale können wir hier nur kursorisch streifen, zumal jedes Bauwerk durch die Gestaltung des Innenraumes trotz aller Gleich- und Gesetzmäßigkeiten doch ganz unterschiedliche Ausprägungen erhalten hat. Wichtig und

bemerkenswert ist jedoch, dass auch an Chorschranken und Lettnern, Altaraufbauten und Chorgestühlen, Thronen und Levitensitzen, Lesepulten und Schreinen, sogar an Kelchen und Monstranzen die »große Erzählung« ihren Fortgang nimmt. Auch hier Szenen aus dem Leben Christi, überhaupt aus der Bibel. Doch warum hat man an den sinnigerweise »Misericordien« genannten Konsolen am Sitz, die den Domherren das lange Stehen während des Gottesdienstes erleichtern sollten, oft Bilder des Dämonischen, Lasterhaften, ja Sexuellen angebracht? Verbirgt sich dahinter eine bürgerliche Kritik am Treiben des Klerus? Ist es purer Übermut, der Wunsch, mit satirischem Schabernack das allzu dominante Heilige ein wenig zu kitzeln? Immer wieder werden düstere Fratzen neben fromme Figuren gestellt, Heilige treten auf Getier und Gewürm, die Madonna zertritt Schlange und Teufel. Auf uns wirkt das heute sehr disparat und befremdlich, im Mittelalter war es durchaus normal, die Natur nicht nur in ihrem Glanz, sondern auch in ihren Abgründen zu zeigen, das Sakrale mit dem Profanen zu kontrastieren.

Werfen wir einen Blick auf einige wenige Gegenstände, mit denen uns die Kathedrale die Bühne für unser eigenes Glaubensdrama bereitet.

Leuchter. Große Radleuchter, in späteren Jahrhunderten nicht selten durch Kronleuchter ersetzt, strahlen wie Sonnen in der himmlischen Stadt. Die Symbolik des Kreises bzw. der im Kreis geordneten Lichter ist natürlich wieder gewollt: ein Hinweis auf die Vollkommenheit Gottes, der selbst das Licht ist. Die oft reich verzierten Kronleuchter aus dem Barock oder dem neunzehnten Jahrhundert widersprechen im Grunde der gotischen Lichtmagie; sie wirken nicht selten »aufgesetzt«, weil sie ein künstliches Strahlen gegen den natürlichen Lichteinfall setzen. Andererseits geben sie dem bei düsterer Witterung nicht selten dämmerigen oder fahlen Kathedralenraum eine gewisse Festlichkeit.

KULISSE DES GLAUBENS

Grabmäler. Gräber der Stifter, der Könige und Fürsten, der Bischöfe und – im Petersdom zu Rom – der Päpste finden ihren Platz in der Kathedrale. Manchmal prominent in der Nähe des Eingangs, bisweilen versteckt in der Krypta oder in Seitenkapellen, nicht selten auch in Seitenschiffen und Chorumgängen zeigen sie oft ein monumentales Bildwerk mit biographischen Szenen der dargestellten Gestalt und Vergegenwärtigungen, ja Verherrlichungen historischer Taten. Sie dokumentieren jedoch auch die »Verbundenheit« der Kathedrale mit ihrer weltlichen und kirchlichen Geschichte, denn Dom und Münster stehen ja nicht in einem luftleeren oder geschichtslosen Raum, sondern im Zentrum der Diözese, mitten in der Stadt, im gesellschaftlichen Leben und Treiben der Metropole.

Reliquienschreine werden von den Gläubigen oft als geheimes Herz der Kathedrale empfunden: Hier ruhen die Gebeine des regionalen Heiligen oder Kirchenpatrons, zumeist in einem kostbaren Gehäuse in der Gestalt einer Kirche. Aus massivem Gold oder aus Holz mit Blattgoldauflage sind sie ein leuchtendes Reliquiar, auf dem manchmal Bürger der Stadt als Apostel und Heilige gezeigt werden. Andere Reliquiare sind aus Maß- und Strebewerk zu kostbarer Kleinarchitektur gefügt. Die Gemeinde der Kathedrale ist besonders stolz auf die Reliquien, ob dies wie in Paderborn die aus Le Mans überführten Gebeine des Heiligen Liborius sind oder wie in Köln die der Heiligen Drei Könige.

Theater der Träume. Was auch immer die Kathedrale in ihrem Inneren zu bieten hat – es dient einer Funktion, erfüllt eine Auf-

Der Sebaldusschrein in Nürnberg, Deutschland, wurde 1507 bis 1519 von Peter Fischer und seinen Söhnen gefertigt.

Zum Fest des Bistumspatrons der Erzdiözese Paderborn, Deutschland, wird der goldene Schrein mit den Reliquien des Heiligen Liborius in einer feierlichen Prozession vom Dom durch die Stadt getragen. Hier die Liborischreinträger in ihren historisierenden Gewändern.

gabe, setzt aber auch immer einen schönen, oft prachtvollen Rahmen, in dem sich die Artikulationen des Glaubens entfalten können. Dass die Gegenstände nicht nur einen Nutz-, darüber hinaus stets auch einen Symbolwert haben, hebt sie über jegliche Vordergründigkeit und Ornamenthaftigkeit einer schönen Kulisse hinaus: Das Denkmal steht für Erinnerung, die Glocke für den Ruf, der Grabstein oder Epitaph für das *Memento mori*, die Krypta für das Geheimnis, der Reliquienschrein für das Wunder. Ja, die Kulisse selbst hat symbolische Qualität: als Theater der Träume, in dem sich eine Geschichte wiederholen wird, immer und immer wieder, die vor zweitausend Jahren ihren Anfang nahm und von ihrer Faszination und Attraktivität nichts verloren hat.

Auswahlbibliographie

Marcel Aubert: Gotische Kathedralen und Kunstschätze in Frankreich, Wiesbaden o.J. *Günther Binding:* Baubetrieb im Mittelalter, Darmstadt 1993. *Günther Binding:* Was ist Gotik? Eine Analyse der gotischen Kirchen in Frankreich, England und Deutschland 1140–1350, Darmstadt 2000. *Wolfgang Braunfels:* Abendländische Stadtbaukunst, Köln 1969. *Paul Clemen/Martin Hürlimann:* Gotische Kathedralen in Frankreich, Zürich 1966. *Georges Duby:* Die Zeit der Kathedralen. Kunst und Gesellschaft 980–1420, Frankfurt am Main 1980. *Alain Erlande-Brandenburg:* Triumph der Gotik. 1260–1380, München 1988. *Alain Erlande-Brandenburg:* Notre-Dame in Paris. Geschichte, Architektur, Skulptur, Freiburg/Basel/Wien 1992. *Rolf Hellmut Foerster:* Das Leben in der Gotik, München 1969. *Louis Grodecki:* Architektur der Gotik, Stuttgart 21986. *Werner Gross:* Gotik und Spätgotik, Frankfurt am Main 1969. *Hans Jantzen:* Die Gotik des Abendlandes, Köln 1962. *Dieter Kimpel und Robert Suckale:* Die gotische Architektur in Frankreich 1130–1270, München 1985. *Günter Kowa:* Architektur der englischen Gotik, Köln 1990. *Brigitte Kurmann-Schwarz und Peter Kurmann:* Chartres. Die Kathedrale, München 2001. *Émile Mâle:* Die Gotik. Die französische Kathedrale als Gesamtkunstwerk, Stuttgart/Zürich 1986 und 1994. *Werner Müller:* Grundlagen gotischer Bautechnik, München 1990. *Norbert Nußbaum:* Deutsche Kirchenbaukunst der Gotik, Köln 1985. *Norbert Ohler:* Die Kathedrale, Düsseldorf/Zürich 2002. *Uwe A. Oster (Hrsg.):* Die großen Kathedralen. Gotische Baukunst in Europa, Darmstadt 2003. *Willibald Sauerländer:* Das Königsportal in Chartres. Heilsgeschichte und Lebenswirklichkeit, Frankfurt am Main 1984. *Willibald Sauerländer:* Das Jahrhundert der großen Kathedralen 1140–1260, München 1990. *Karl Scheffler:* Der Geist der Gotik, Leipzig 1929. *Wilhelm Schlink:* Die Kathedralen Frankreichs, München 1978. *Bernhard Schütz:* Große Kathedralen des Mittelalters, München 2002. *Hans Sedlmayr:* Die Entstehung der Kathedrale, Zürich 1950 (Neuausgabe Graz 1976). *Otto von Simson:* Die gotische Kathedrale, Darmstadt 1968. *Wilm Swaan:* Die großen Kathedralen, Köln 1969. *Rolf Toman/Achim Bednarz:* Die Kunst der Gotik, Köln 1998. *Rolf Toman (Hrsg.):* Kathedralen. Die schönsten Kirchenbauten aus 1700 Jahren, Bath 2008. *Rüdiger Wilhelm:* Die gotische Kathedrale, Köln 1979. *Arnold Wolff:* Der Dom zu Köln, Köln 2001.

Bildnachweis

123RF: 2/3 (Anthony Douanne), 19 und 37 unten (Jakub Pavlinec), 28 (Elena Koulin), 37 oben (Stasys Eidiejus), 37 unten, 40 (Aleksey Trefilov), 48/49, 138, 141, 248 (Claudio Giovanni Colombo), 52 (Steve Mann), 53 (WDesigns), 54 (Vladimir Voronin), 76 unten (Louis Capoleto), 77 (Leszek Scholz), 83 (Tatiana Fedulova), 84 (Paul Prescott), 93 (Rafael Kochanowski), 95 (Gautier Willaume), 99 (Heintje Joseph Lee), 101 oben (Vladimir Pineiro), 103 oben und unten (Malgorzata Kistryn), 118 und 207 (Freeartist), 124 (Nathan Jaskowiak), 143 (Miguel Angel Pallardo Del Rio), 149 (Dmitry Nikolaev), 150 (Antoine Beyeler), 151 (Slayerspb), 153 (Olan), 160 oben (Tatiana Fedulova), 160 unten (Jeff Gynane), 161 links (Xavier Marchant), 162 (Michal Boubin), 163 (Claire Norman), 167, 210, 232 und 239 (Zvonimir Atletic), 192 (Julia Shepeleva), 197 und 256 (Ionut Dobrescu), 236/237 (Martin Garnham), 218/219 (Jorge Felix Costa), 221 (Christophe Fouquin), 243 (Aleksejs Jevsejenko), 246 (iofoto), 258 (Jan Prchal), 266/267 (Paolo77), 268/269 (Derrick Neill). *Digitalstock:* 250/251 (P. Lange). *Dreamstime:* 30 (Vladimir Georgievsky), 66 (Jeff Whyte), 69 (HLJ-Design), 72/73 (Yanik Chauvin), 75 unten (Giangollone), 101 unten (Dmitrijs Katemirov), 102 links und rechts (Conde), 107 (Nikos Koravos), 120 (Andrey Makarov), 129 (Katiko), 132/133 (Alysta), 165 (Fah Mun Kwan), 168/169 (Michel Jansen), 171 oben (Mrusty), 179 (Scubabartek), 182 (Asier Villafranca), 183 (Danilo Ascione), 191 (Jorisvo), 194 (Chris Hill), 196 (Elena Elisseeva), 216 (Francesco Cura), 223 (Vinicius Tupinamba), 247 und 260 (Isabel Poulin). *Fotolia*: 6/7 und 104 (Jean-Jacques Cordier), 12 und 113 oben (Bonzodog), 24/25 (Stéphane Tauziede), 29 und 97 (Gautier Willaume), 35 (Xtravagant), 43 und 112 (Erick Nguyen), 44 (Paul), 46 (Olli), 51 (Snowshill), 58 (Adrian), 60 (Miguel Angel Pallardo Del Rio), 78 (TMAX), 82 (Uwe Landgraf), 87 (Lucky Dragon), 94 (Jonathan), 98 (PackShot), 105 (Vaclav Zilvar), 106 (Gerardo Caputi), 108 (Xavier29), 113 unten (Zoid), 128 (Roxor), 137 (Val Thoermer), 140 (Loon Child), 152 und 156 (Marco Desscouleurs), 157 (Mercedes Soledad Manrique), 158 und 159 (Yory Frenklakh), 180 und 233 (Alexander), 240 (CURAphotography), 229 (WinningSails). *Look:* 32, 188, 198 und 255 (Juergen Richter), 111 (Patrick Forget), 125 Tina & Horst Herzig), 129 (Thomas Peter Widmann), 136 (Rainer Martini), 144 (H. & D. Zielske), 154, 189 und 224 (age fotostock), 187 (Peter von Felbert), 209 Andreas Strauss, 227 (Terra Vista), 234 (Kay Maeritz), 270/271 (Brigitte Merz). *iStockphoto:* 31 (Claudio Giovanni Colombo), 45 (Fanelie Rosier), 145 (Bart Parren), 178 (Fitzer), 245 (Laurie Knight), 249 (Maryann Bates), 253 (Robert Bremec). *Meridian Fine Arts Publishing:* 38/39, 56, 61, 62, 63, 64, 70, 71, 75 oben, 76 oben, 80, 81, 86, 96, 100, 121, 177, 211 unten, 212, 222, 238, 244, 259. *Photocase:* 4/5 (ts-grafik), 16/17 (Vita Brevis), 57 (Simon Maximilian Stehle), 68 (Webdies), 109 (Raichinger), 122 (Grany187). *Piqs:* 10/11 (Till Krech), 47 (Oberon81), 127 (Fotodruide), 175 (MaSaLu), 200 (Gisi). *Pixelio:* 8/9 (Rolf Krekeler), 20 (Nachtstein), 21 (Züfikar Görmen), 22 (Rainer Sturm), 65 (Marco Barnebeck), 117 (Henning Hraban), 161 rechts (Thommy Weiss), 173 (Jörg Trampert), 176 (N. Schmitz), 195 (Olaf Schneider), 213 (Canonier), 230 und 263 links (Wiewie), 263 rechts (Karl-Michael Soemer). *Purebudget:* 27, 90/91, 172, 174 links, rechts und Mitte, 181, 262. *Shotshop:* 184/185 (Herbert Svatunek). *Shutterstock:* 89 (Slava Gerj), 114/115 (Sean Nel), 119 (Dusaleev Vlatcheslav), 146/147 (Jorisvo), 171 unten (Dmitry Telegin), 201 (ETIENjones), 203, 204/205 (José AS Reyes), 208 (GWimages), 211 oben (michelleannb), 214 (CURAphotography), 215 (Mikhail Levit), 217 (Fotogiunta).